住民投票とデモクラシ

Doi Yoshihira

はじめに

　本書は住民投票をテーマとし、デモクラシーの歴史をかけ足でたどったものである。デモクラシーは古代ギリシアの都市国家アテネの直接民主政を体現した集会デモクラシーを起源とするとされてきたが、最近の研究では古代ギリシアの都市国家のデモクラシーは、東方すなわち紀元前三〇〇〇年紀のシリア・メソポタミアにルーツがあったとされる。むろん、デモクラシーは、近代の領域国家においては間接民主政に基づく代表デモクラシーの形態をとっている。

　わたしは集会デモクラシーによる直接民主政の典型的なタイプをさしあたり古代ギリシアに求める。古代ギリシアだけでなく、ヨーロッパの中世都市と中世から近代にかけてのスイスの政体にも注目した。中世都市は一八七一年のパリ・コミューンに影響を与えたし、スイスの直接民主政のなかから住民投票（イニシアティブとレファレンダム）の制度が生まれたのである。

　現在、住民投票は米欧を中心に制度化ないしは法制化され、世界各国で行われているが、日本でも制度化されていないとはいえ、市町村合併や市町村合併以外のテーマでも盛んに実施されてきた。近年は反原発運動がリードして、あちこちの自治体で住民投票条例が制定され、各地で原発立地を葬った。条例に従って実際に住民投票が行われたのは新潟県旧巻町だけで、ほとんどは条例を制定しただけで原発立地を阻止したのである。日本で最初の住民投票は一九九六年に巻町で行われ、反原発派が圧勝して各方面に大きな影響を与えた。これ以後、住民投票は基地問題、産廃施設、空港建設、可動堰建設などを抱える自治体に波及していく。

　すなわち、一九九六年には日米地位協定の見直しと米軍基地の整理縮小をめぐって沖縄県で、一九九七年には米軍へリポート基地建設をめぐって沖縄県名護市で、同じく一九九七年には産廃処理場建設をめぐって岐阜県御嵩町で、二〇〇〇年には吉野川可動堰建設をめぐって徳島県徳島市で、それぞれ住民の直接請求による住民投票条例に基づく住民投票が実施された。

二〇一一年三月に東日本大震災に伴う福島第一原発事故が起き、二〇一二年の大阪市と東京都、静岡県と新潟県、二〇一九年の宮城県、二〇二〇年の茨城県、と原発の再稼働に関する直接請求による住民投票運動が起きたが、いずれも直接請求が議会で否決され住民投票は拒否された。

原発だけではない。日本では一九七九年から二〇二〇年八月の間に、六七九件の住民の直接請求があったが、実際に住民投票が実施されたのは一〇九件のみで、あとはすべて議会によって阻まれたのである。日本は国レベルでも自治体レベルでも、住民投票を制度化ないしは法制化していないため、住民投票は諮問的で法的有効性を欠く。「日本は間接民主主義が国の国是だ」「住民投票は間接民主主義を否定する」が、住民投票を実施しない議会の反対理由だが、実際には自分たちの既得権益にしがみついているにすぎない。

このため、住民投票条例の制定を控えていた徳島市で一九九九年に開催された「住民投票全国ネットワーク」(加盟二二団体)で、住民投票の法制化をめざすことが確認され、まもなく「住民投票立法フォーラム」が誕生し、「住民投票に関する特別措置法(住民投票法)」の試案をまとめたが、残念ながら、この試案は日の目を見ていない。

これとは別に、住民投票の法制化を強い意欲を持って推進したのは二〇一〇年に民主党菅直人政権の総務相に就任した片山善博で、地方自治法の一部改正案に、法的拘束力を持たせた「大規模な公の施設の設置に係る住民投票制度の導入」を盛り込み、国会に提出した。ところが、二〇一一年九月に野田政権が発足して片山総務相が退任し、二〇一二年三月に閣議決定された法律案からは、拘束型住民投票制度の導入がはずされた。住民投票の法制化の稀有な現実的チャンスがついえたのである。

住民投票は世界各国で法制化されている。このうち、法制化を課題とする日本の参考例として、わたしはアメリカの諸州とドイツ、並びに、本書の第二部「デモクラシー」でスイスの事例をかいつまんで紹介した。スイスでは住民投票は「半」直接民主政と呼ばれている。今日、議会制民主主義が機能不全で政治が閉塞していることは否定できない事実である。主権者たる住民と政府（首長）・議会・政党との間には埋め難い距離がある。この機能不全や政治の閉塞に対する〝治療効果〟を持ち、間接民主政への〝頂門の一針〟といえるのが住民投票（国レベルでは国民投票）の制度である。間接民主政は絶えず直接民主政のエートスと制度に揺り動かされねば、デモクラシーたり得ない。

住民投票の法制化は不可避の課題だが、法制化が実現するまでは住民投票は無効かといえば、そうではない。原発住民投票条例は新潟県旧巻町は別として、住民投票が実際に実施されなくとも条例を制定しただけで、原発立地を阻止する効果を持った。それは住民投票には法的有効性がなくとも、政治的有効性があるからである。主権者は住民自身であって、首長とか議会とか政党は主権者ではない。この厳然たる事実は誰にも否定しようがないのだ。

新型コロナ・ウイルスのパンデミックと呼ばれる世界的大流行のもと、いわゆる三密（密集・密接・密閉）を避けねばならない非政治的な条件のなかで、日本でも住民投票の直接請求運動はいまなお絶えることなく行われている。最近では、島根原発の再稼働をテーマに、鳥取県米子市と境港市、島根県松江市の市民たちの間で、それぞれ住民投票の直接請求運動が起きている。しかし、ヨーロッパにおける欧州連合のマーストリヒト条約をめぐるレファレンダムやカナダにおけるシャーロットタウン憲法協定をめぐるレファレンダムに象徴されたレファレンダムの波の高まり、あるいはまた、日本で旧巻町や沖縄県や御嵩町や徳島市などで相次いだ住民投票運動の熱い息吹の一九九〇年代と違い、現在、非常に困難な状況にあることは確かである。

　こうした困難な状況のなかで、住民投票をデモクラシーの不可欠の精神および制度として推奨することは、過剰消費社会と議会主義で麻痺させられた感覚にはピンとこないかも知れない。しかし、わたしはあえて時流に抗して、住民投票こそ世界で四〇〇〇年以上の歴史を持つ直接民主政または集会デモクラシーの申し子であり、世界が内外ともに重大な危機をはらんでいるいまだからこそ、その実施と制度化の必要性を力説したい。

　そこで、デモクラシーの歴史をかけ足でたどるが、デモクラシーは集会デモクラシーの直接民主政と代表デモクラシーの間接民主政に大別される。前者を代表するのがデモクラシーの語源をなす古代ギリシアの都市国家ポリスのデーモクラティアであり、わたしはこれに中世ヨーロッパの自由都市と中世から近代にかけてのスイスを加えて典型的事例と考えている。一方、後者の代表デモクラシーの間接民主政は、欧米や日本の今日の議会制民主主義諸国が該当する。

　住民投票は直接民主政の申し子である。スイスでは、イニシアティブ（発案権）とレファレンダム（表決権）による住民投票は、「半」直接民主政と呼ばれている。たしかに、近代以降の人口の増大と領土の拡張は、少なくとも国レベルでは住民が一カ所に集まって物事を討議し決定する集会デモクラシーを困難いや不可能にした。そこで、集会デモクラシーから代表デモクラシーへの移行が起きた。しかし、直接民主政の母国スイスでは、住民集会（ランズゲマインデ）の伝統のうえに、主権者たる住民が直接に意思を表示する方法として住民投票が考えられたのである。このスイスの各邦（カントン）で行われていた住民投票（イニシアティブとレファレンダム）の制度は、一九世紀末から二〇世紀初頭にかけて、海を渡ってアメリカの各州が輸入するところとなり、西部諸州を中心に急速に普及した。今日、欧米各国が住民投票を制度化しているのも、その影響ないしは余波と考えられる。

代表デモクラシーないしは間接民主政の虚構については、ルソーとマルクスの痛烈な批判がある。ルソーは書いている。「イギリスの人民は自由だと思っているが、それは大まちがいだ。彼らが自由なのは、議員を選挙する間だけのことで、議員が選ばれるやいなや、イギリス人民はドレイとなり、無に帰してしまう」と。マルクスも「普通選挙権」は「支配階級のどの成員が議会で人民のにせ代表となるべきかを、三年ないしは六年に一度決める」と切り捨てている。

その言や善し。しかし、「前衛党」（共産党）に指導された「プロレタリアートの独裁」という『共産党宣言』以来のマルクスやレーニンの処方箋は、スターリンの恐るべき全体主義と恐怖政治に行き着き、それが癒すと約束した近代国家と議会主義の病いよりもっと悪く、おぞましい結果をもたらした。旧ソ連だけではない。旧東欧も現在の中国や北朝鮮も、共産党あるいは労働党の独裁政権が、「三年ないしは六年に一度」どころか、ただの「一度」たりとも、人民を自由な主権者とすることがなく、むしろ暴政以外の何物でもない厳然たる現実を見れば、その善き言が投げれば必ず手元に戻ってくるブーメランだという痛烈な皮肉であることが分かる。

一九世紀のインターナショナル内部の中央集権主義者のマルクス主義者と分権・連合主義者のアナキストの対立と抗争は、一八七一年のパリ・コミューンで決着がついたとわたしは考えるが、一九〇五年と一九一七年のロシアの労働者・兵士代表ソヴィエト、一九一八年と一九一九年のドイツの労働者兵士評議会レーテ、さらにまた、一九五六年のハンガリアの評議会の出現で再確認された通りである。コミューンや評議会は前衛党（共産党）の対立物であったという以前に、近代国家の政党制のアンチ・テーゼであった。二〇世紀の幕を開いたロシア革命は、脱ロシア革命というべき東欧の民衆革命の洗礼を受けねばならなかったのである。

二〇世紀は「アメリカの世紀」であり、旧ソ連の崩壊で冷戦は終結したが、それは資本主義の社会主義に対する勝利を意味したわけではない。ましてや、「歴史の終わり」といったフランシス・フクヤマの託宣は、ナンセンスである。アメリカのデモクラシーは、アレグザンダー・ハミルトン対トマス・ジェファソンの連邦党対反連邦党の対立に起源を持つ二大政党制に立脚した議会制民主主義の「共和国」で、つい最近、わたしたちは民主党バイデン対共和党トランプの大統領選において、選挙の敗者トランプのあおりによる連邦議会議事堂乱入事件を目の当たりにした。もともと、アメリカは共和国にして、先住民に対する三〇〇年戦争に始まり世界を駆け巡る巨大な「帝国」である。つまり、わたしが『終わりなき戦争国家アメリカ』や『民主主義の歴史的考察』で考察したように、アメリカは「共和国にして「帝国」」という近代の巨大なケンタウロスなのである。

第二次世界大戦後、非植民地化の動きや欧州・日本の戦後復興などに加速されて、二〇世紀後半にはデモクラシーの全世界的な拡大を見るに至る。デモクラシーは全地球的な勢いとなり、デモクラシーの言語や理想や制度が歴史上初めて、国籍や宗教や文明にかかわりなく、地球の大部分の地域に住む人びとに広まった。ここで、デモクラシーは議会制民主主義のことを指すが、その民主主義なるものがそれぞれにどこまで「民主的」かはあえて問わないとしても、いずれの国においても政府（自治体の場合は首長）・議会・政党と主権者たる住民の間に大きな距離ないしは懸隔が存在することは否定できまい。

この距離を埋めて、住民が直接の意思表示によって、特定のテーマで主権者であることをその都度取り戻すのが、住民投票の役割である。デモクラシーは、議会制民主主義を住民投票制度で制御し補完することによって、辛うじて生命を保つ。カナダの政治学者フィリップ・レズニックの言葉を借りれば、住民投票は住民と政府・議会・政党の懸隔という病いへの「治療効果」を持つ。わたしに言わせれば、それは間接民主主義に対する〝頂門の一針〟たり得るのだ。日本の閉塞した政治も、住民投票の活用と法制化によって、大きく変わるだろう。

住民投票とデモクラシー

目次

［イラスト・図版］（作成又は移転）　ＴＥＴＳＵＹＡ
［表紙写真］　スイス・グラールスのランズゲマインデ（住民集会）
（出典）　ロイター＝共同提供

第一部 住民投票

第一章　住民投票条例の制定で原発を阻止

日本は代表民主政ないしは間接民主政を国政の基本的な仕組みとしている。国政レベルだけでなく地方自治レベルも同様である。しかし、憲法は直接民主政を否定しているわけではない。その証拠に、たとえば憲法は憲法改正の国民投票制度に見るように、直接民主政の制度たる住民投票を取り入れている。憲法改正の手続きを定める改正国民投票法が二〇二一年六月一日、自民党と立憲民主党の合意により国会で成立したばかりだ。

住民投票（レファレンダム）は「半直接民主政」とも呼ばれる。日本では国政レベルでは憲法改正のみだが、地方自治体のレベルではさまざまなテーマで住民投票が認められている。しかし、地方自治体レベルでは諮問的なもので法的有効性を欠き、外国の事例に較べると非常に制限されている。ともかく、日本の代表民主政ないしは間接民主政が直接民主政と共存していることを忘れてはならないが、間接民主政が十分機能していないことも認めなければならない。間接民主政は市民の意思や行動を封じ、機能不全で政治は閉塞状態に陥っている。

わたしが住民投票に関心を持つようになったのは、ここ半世紀近く携わってきた反原発運動を通してだった。日本の原子力開発は、アメリカの大統領アイゼンハワーの国連演説「平和のための原子力」を背景に、当時改進党の中曾根康弘が一九五四年三月三日、国会に提出した二億三五〇〇万円の原子炉予算に始まるが、その前々日の三月一日にはビキニ環礁におけるアメリカの水爆実験で焼津のマグロ漁船

『第五福竜丸』が被災し、このいわゆる「原爆マグロ事件」を引き金に日本原水爆禁止運動がスタートする。一方、日本の反原発運動は、広島・長崎およびビキニの被災を放射能の原体験としつつも、原水爆禁止運動とは別個の契機とコースをたどり、各地の原発立地の火の粉を払う地域住民運動として展開されてきた。

そのはしりは、中部電力が計画した三重県の芦浜原発計画に対する熊野灘漁民の文字通り身体を張った激しい闘いで、中曾根康弘ら衆議院特別委員会の一行を三五〇隻の漁船で包囲し、九〇人もの逮捕者を出しながら実力で追い返した一九六六年九月の長島事件を発端とする。以来、時間的には半世紀にもわたるこれだけ長期の、しかも全国津々浦々の地域住民を巻き込んだこれだけ広範囲にわたる反原発運動または脱原発運動は、戦後最大というよりも近代最大の社会運動と言っても過言ではない。

反原発運動または脱原発運動は、電力会社とその背後に控える国家に対する、デモや集会および住民投票といった直接民主政的な市民の抗議行動や意思表示でなされてきたが、わたしたちは一九八〇年代初頭に中国電力が鳥取県青谷町に計画していた原発立地の阻止行動の最中に起きた高知県旧窪川町の住民運動に大いに啓発され、高知から活動家を招いて講演会を開いたりした。

今井一編著の『住民投票の総て』(1)などの報告によれば、窪川町では一九八一年三月、原発推進派の藤戸進町長がリコールされた。しかし、解職されたばかりの前町長がわずか四〇日後の町長選で、立地の可否を直接住民に問う住民投票条例の制定を公約に掲げることで町長に返り咲き、翌一九八二年七月には町長提案で原発住民投票条例を成立させた。日本では最初の住民投票条例である。条例は「町民投票の実施」について、町長は「町民投票における有効投票の賛否いずれかの意思を尊重するものとする」

（第三条二）としている。しかし、住民投票は実施されることなく、町長は三選されたが、町議選でも反対派が躍進するなど粘り強い反対運動で四電や行政も立地困難となり、原発誘致を公約に掲げてきた藤戸進町長も一九八八年一月ついに原発誘致を断念して町長を辞職した。

原発立地の是非をめぐって住民投票条例を制定したのは、この高知県旧窪川町（一九八二年）を皮切りに、三重県旧南島町（一九九三年）、宮崎県串間市（一九九三年）、三重県旧紀勢町（一九九五年）、新潟県旧巻町（一九九六年）、三重県旧海山町（二〇〇一年）である。住民投票条例の設置をもって原発計画が頓挫した事例がほとんどだが、実際に住民投票を実施して原発立地を拒否したのは、新潟県旧巻町と三重県旧海山町だけであ

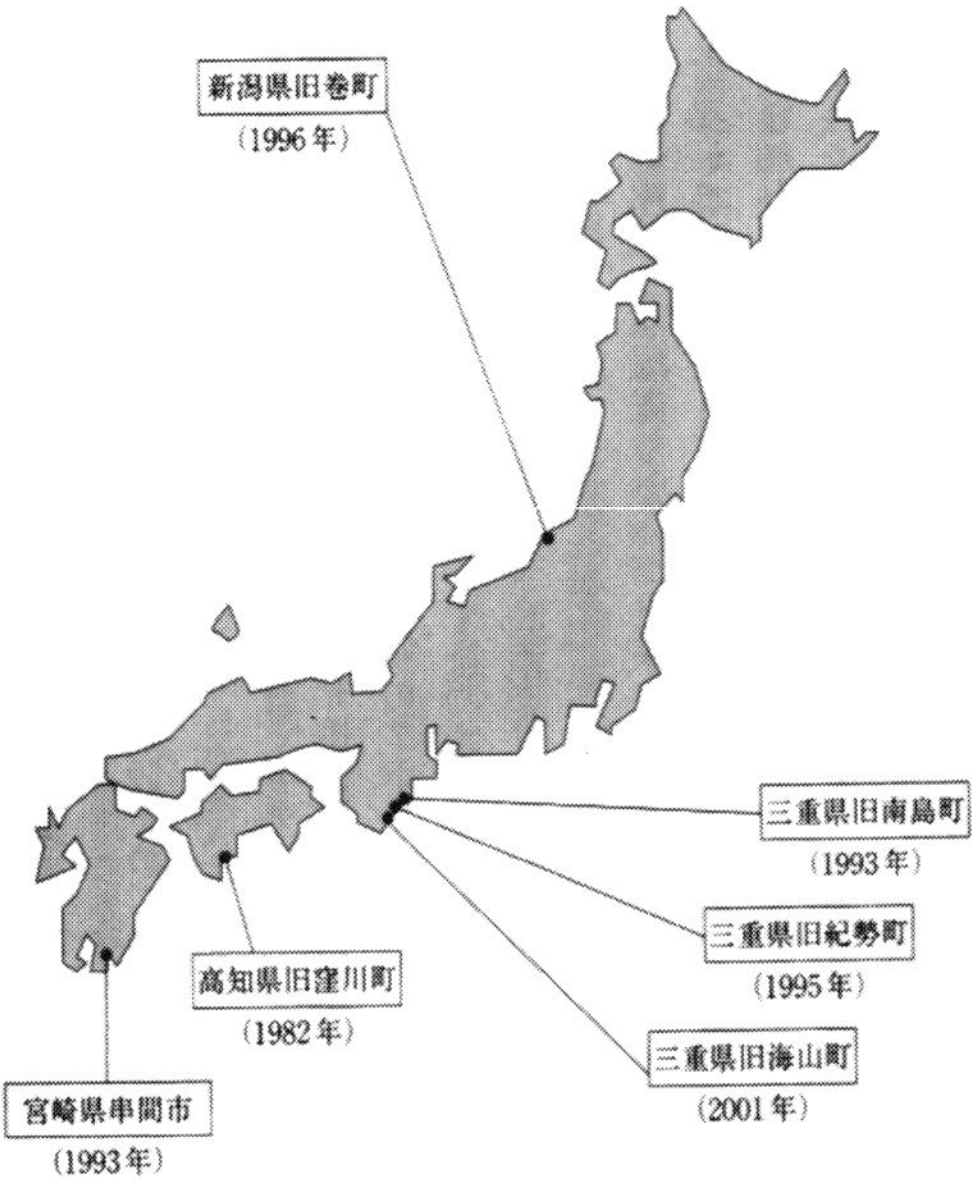

図1　住民投票条例を制定して原発を阻止した自治体

る。このほかにも、首長提案、議員提案、あるいは、直接請求による原発住民投票条例案は数件あるが、いずれも議会で否決されている。

やはり、今井一編著の『住民投票の総て』[2]などの報告で見ると、巻町では住民投票条例に基づく一九九六年八月の住民投票で、投票率八八・二五％、原発建設に反対六〇・八五％、賛成三八・五五％、と反対が多数を占めた。住民投票条例を実際に実施して原発立地を阻止した全国初の事例であり、これ以後住民投票が注目され原発以外の他の分野にも影響が及んだ。住民投票の投票結果に法的拘束力はないものの、条例は「町長は巻原発予定敷地内町有地の売却その他巻原発の建設に関係する事務の執行に当たり、地方自治の本旨に基づき住民投票における賛否いずれか過半数の意思を尊重しなければならない」（第三条二）と規定し、町長の意思を左右するものとなっていた。しかし、町長は「町議選や町長選で民意は出ている」と公言していたし、原発推進派が多数を占める巻町議会も、一九七七年になされた原発への議会同意がいまも生きており、原発立地が議会意思で、住民投票の結果に法的拘束力はないとして、旧態依然の態度を取り続けた。笹口孝明町長は原発の炉心予定地近くの町有地を反対派のメンバーに売却し、売買契約者に転売や賃貸しを禁じる条項を盛った誓約書を交わして、東北電力の原発計画の息の根を止めた。

住民投票条例を実際に実施して原発を阻止したもう一つの事例は三重県海山町である。中部電力と三重県は一九六三年一月、熊野灘の大白（海山町）、芦浜（紀勢町と南島町）、城ノ浜（紀伊長島町）を原発立地の候補地として発表したが、その後芦浜を候補地に決定し、さきに述べた長島事件を引き起こした。原発建設の是非を問う住民投票条例が一九九三年二月に南島町議会で、続いて一九九五年一二月に

朝日新聞　1996年（平成8年）8月5日　月曜日

巻原発、大差で「反対」

建設巡り初の住民投票

原子力政策に打撃

原子力発電所建設計画の是非を問う全国で初めての住民投票が四日、新潟県西蒲原郡巻町であり、即日開票の結果、反対票が賛成票を大きく上回った。投票結果に法的拘束力はないが、笹口孝明町長は「反対多数となったので建設予定地の中心にある町有地を売却しない」と明言し、東北電力（本社・仙台市）の計画はさらに遅れることになった。今後、国や電力会社は原発の新規立地や増設計画、地元合意のとり方の見直しを迫られそうだ。また、九月八日には沖縄県で米軍基地の整理・縮小などに関する初の県民投票が予定されており、住民投票という手法への論議もいっそう高まるものとみられる。（2・3・31面に関係記事）

住民投票の開票結果　（確定）

	投票総数	構成比
反対	12,478	60.86%
賛成	7,904	38.55%
その他	121	0.59%

（注）その他は無効、持ち帰りなど

町長「用地売却せぬ」

記事１　新潟県巻町の住民投票

紀勢町議会で可決され、三重県の北川正泰知事は二〇〇〇年二月、芦浜原発計画の白紙撤回を言明し、中部電力も計画を断念せざるを得なかった。その直後から海山町で原発誘致の動きが活発化し、二〇〇一年九月に町長提案の原発誘致の是非を問う住民投票条例が町議会で可決され、この年の一一月に住民投票が実施された。条例は「町議会及び町長は、地方自治の本旨に基づき住民投票の賛否いずれか過半数の意思を尊重するものとする」（第一七条）とうたっており、住民投票の実施に賛同したのは意外や原発誘致派で、誘致反対派は実施に異議を唱えていたが、住民投票の結果は反対票が六七％の圧勝であった(3)。

原発の立地をめぐってではないが、使用済み燃料を再処理してプルトニウムを取り出し、これをウランと混ぜたＭＯＸ燃料を使うプルサーマルの賛否を問う住民投票条例が二〇〇一年四月に新潟県刈羽村の村議会で可決され、条例に則った翌五月の住民投票で、「国策たるプルサーマルを一地方の村民に決めさせるのはおかしい」と言った原発推進派の声をよそに、プルサーマル導入反対が五三％で国策を葬った。

二〇一一年三月の東日本大震災に伴う福島第一原発の事故以後、全国的に高まる反原発運動のなかで原発の再稼働に関する住民投票の直接請求運動が大阪・東京の大都市部と主要な原発現地で起きたが、二〇一一年の大阪市と東京都、二〇一二年の静岡県と新潟県、二〇一九年の宮城県、二〇二〇年の茨城県のいずれにおいても、議会によって否決され、住民投票に至らなかった。

第二章　日本の住民投票

むろん、よく調べてみると、日本の住民投票のテーマは原発だけでなく、意外にも法令に基づいて数多くのテーマで住民投票が盛んに闘われている。やはり、日本の住民投票の全体像とデータをまとめた今井一編著の『住民投票の総て』[4]を参考にするが、日本の住民投票の法的根拠としては、まだ実施されていない憲法第九六条の憲法改正の是非を問う国民投票のほか、戦後の現行憲法に依拠してきた住民投票の法令を見ると、①「憲法第九五条に基づく地方自治特別法の制定要件」としての住民投票②「地方自治法」に基づく「リコール請求」に伴う「議会解散」「首長･議員らの解職」の是非を問うた住民投票③「時限立法」により実施された住民投票（自治体警察の廃止の是非を問う住民投票、町村分離の是非を問う住民投票）④「大都市法」に基づいて行われた住民投票⑤「地方自治法」に則った「住民投票条例」や「自治基本条例」など条例に基づいて実施されてきた住民投票――の五つに大別できる。

このうち、①の「憲法第九五条に基づく地方自治特別法の制定要件」としての住民投票[5]は、一九四九年の広島平和記念都市建設法、一九五〇年の東京都の首都建設法や京都国際文化観光都市建設法など、一九四九年から一九五二年までに一六の法律について一九件の住民投票が行われ、そのすべてにおいて賛成が多数を占めた。ただし、一九五二年に伊東市で実施されて以降、地方自治特別法の制定要件としての住民投票は、七〇年近く一度も行われていない。

③の「時限立法」による住民投票[6]のうち、自治体警察の廃止の是非を問う住民投票は、一九五一年

に警察法の一部を改正する法律が出て以降、三カ月の間に自治体警察の廃止の是非を問う住民投票を実施した町村は一〇二八で、うち廃止賛成が多数を占めたのは一〇二四だった。廃止反対はわずか四町だけだった。

一方、時限立法による住民投票のうち、町村分離の是非を問う住民投票の一例は神奈川県逗子町で、戦後の一九四八年の地方自治法の改正で戦時下の強制的な市町村合併からの分離を可能にする規定が時限立法で設けられ、一九五〇年に直接請求による住民投票で横須賀市からの分離・独立が圧倒的多数で認められた。しかし、この時点での時限立法では、住民投票は都道府県議会の承認を必要条件としており、直ちに法的有効性を獲得したわけではなかったが、住民投票による逗子町の分離独立はからくも神奈川県議会の承認するところとなった。一九五〇年の地方自治法の一部改正で住民投票の承認の条件は緩和されたものの、議会の壁は最終的に残った。この地方自治法の制度のもとで、全国で三三件の住民投票が実施され、うち二八件が住民投票の同意を得たが、そのうち二〇件については議会が拒否して分離を阻んでいる。してみると、議会の厚い壁はいまに始まったものでなく、日本の地方自治法の歴史とともに古く、しかも原発のようなテーマに限られないことが分かる。

④の「大都市法」に基づいて行われた住民投票(7)としては、大阪市を廃止して特別区を設置する、二〇一五年と二〇二〇年のいわゆる大阪都構想の是非を問うた住民投票がある。「大都市法」とは、日本維新の会が国政与野党に強く働きかけて立法にこぎつけたところの、「大都市地域における特別区の設置に関する法律」のことである。第一回の住民投票は二〇一五年に行われたが、投票率六六・八三%、反対票が七七万五五八五票で賛成票の六九万四八四四票を上回った。橋本透は市長の座を離れ政界を引

退した。ところが、住民投票直後に行われた知事・市長選で「都構想への再挑戦」を掲げる維新の会が圧勝し、松井一郎知事と吉村洋文市長が誕生、二〇一九年の市議選と府議選でも維新の会が圧勝し、公明党を抱き込んで二〇二〇年末に、大阪都構想の是非を問う第二回の住民投票が実施された。結果は都構想の再度の否決であった。

最後に、⑤の「地方自治法」に則った「住民投票条例」に基づくもの(8)は、一九九六年八月に実施された新潟県旧巻町の「町内に原発を建設する」ことの賛否を問うた住民投票が最初で、日本における住民投票条例の制定および住民投票の実施は、反原発運動がリードした。さきに見た一九八二年の高知県旧窪川町が第一号の条例だが、実際には住民投票は実施されなかった。その一三年後の一九九五年、この窪川町の条例

2020年(令和2年)11月3日(火)　毎日新聞

都構想否決 1万7000票差

松井市長 大阪維新代表辞任へ

3面に CU クローズアップ
(27面に関連記事)

大阪市を廃止し、四つの特別区に再編する「大阪都構想」の住民投票は1日の開票の結果、1万7167票差で反対が賛成を上回った。地域政党「大阪維新の会」が2010年の結党時から掲げた構想の制度案は廃案となり、市存続が決まった。

15年の住民投票に続く2度目の否決で、維新代表の松井一郎大阪市長は23年4月の市長任期満了での政界引退を表明。11月中には大阪維新代表を辞任する意向だ。

松井市長は大勢が判明した1日深夜、大阪市内であった記者会見で「私の力不足で2度目の敗北になった。政治家としてけじめをつけないといけない」と引退を明言。敗因について「(市民の)変化への不安を解消できなかった」と分析した上で、「維新には改革スピリッツを持った集団であってほしい」と述べた。

同席した維新代表代行の吉村洋文・大阪府知事は「僕自身が都構想に挑戦することはもうない」と述べ、

住民投票結果

賛成	反対
67万5829票	69万2996票
前回 69万4844票	70万5585票

記事2　大阪都構想の住民投票

を手本にして新潟県旧巻町で条例が制定され、翌一九九六年に住民投票が実施された。その影響は大きく、米軍基地の整理縮小と日米地位協定の見直しで沖縄県（一九九六年）、海上へリポート基地建設で沖縄県名護市（一九九七年）、産廃処理施設で岐阜県御嵩町（一九九七年）、吉野川可動堰で徳島市（二〇〇〇年）、と世間を騒がせた住民投票が続いた(9)。

なお、法例に基づかない自主管理的な住民投票も、東京都南多摩郡由木村、神奈川県曙町、宮城県泉市、新潟県柏崎市荒浜地区などで行われている(10)。いずれにせよ、いま見てきた①から⑤の（②のリコールは取り上げていない）戦後憲法に基づく一般に知られていない多様な住民投票の事例を収集し、これに巻以後の日本の住民投票の克明なルポルタージュを加えて、住民投票の在り方を考察した今井一編著の『住民投票の総て』は、画期的に重要な労作であることを強調しておきたい。

「国民投票／住民投票」情報室によれば、住民投票の対象となったテーマによって巻以後の住民投票は三期に分けられる(11)。第一期は一九九六年から一九九九年にかけて、「原発」「基地」「産廃」などのいわゆる迷惑施設をめぐる住民投票の実施をめざす運動が盛んになり、新潟県旧巻町、岐阜県御嵩町、沖縄県、名護市などの自治体で実際に投票が行なわれた。第二期は一九九九年から二〇〇二年にかけて、「ダム建設」「空港建設」「人工島建設」「サッカースタジアム建設」といった大型の公共工事の是非を問う住民投票が争点となった。しかし、議会が住民投票の制定を拒む動きが続いて、直接接求の否決が相次いだ。そのなかには、有権者の過半数の署名を集めて請求した新潟県小国町や愛媛県大洲市も含まれている。第三期は「市町村合併」で、二〇〇一年の埼玉県上尾市の「さいたま市との合併の是非を問う」住民投票を皮切りに、二〇〇三年以降、周辺自治体との合併をテーマとした住民投票が急増した。

住民投票の発議ルートは「直接請求」「議員提案」「首長提案」の三つある。いずれも議会の賛同が必要である。直接請求は有権者が条例案をつくり、一定の賛同者の署名を集めて請求するものだが、請求すれば制定されるわけではなく、議会が条例の制定を拒む権限を持っているのだ。

住民投票条例には、「個別型」の住民投票条例と「常設型」の住民投票条例がある。「個別型」とはたとえば原発とか基地とか産廃施設などテーマを個別に特定した条例である。一方、「常設型」は住民投票立法フォーラムの今井一らが「実施必至型」の住民投票条例と呼んでいるもので、個別の住民投票条例の直接請求が議会の厚い壁につぎつぎと阻まれてきた経緯から、議会に拒否権を与えない制度として考えられ、投票実施の要件が整えば必ず投票が実施される制度である。今井一の『住民投票の総て』(12)の一覧表で見ると、一九八四年の神奈川県逗子市が制定を請求(否決)したのを皮切りに、全国で九二件の「常設型」の住民投票条例が制定されているが、いいことづくめではない。住民が住民投票を実施するのに最低必要な「請求署名数」/「請求資格者総数」が1/6とか1/10なかには1/50(群馬県伊香保町)や13/100(東京都小金井市)のところもあるが、ほとんどが1/3とハードルを異常に高くしている。二〇一三年に都道府県レベルで唯一「常設型」を制定した鳥取県も例外なく1/3である。これらは議会がいやいや制定したとはいえ、ハードルを高くして「住民投票へどうぞ」の看板の裏側に「住民投票お断り」と大書しているようなもので、議会による骨抜きと言っていい。

さきの今井編『住民投票の総て』(13)によれば、一九七九年から二〇二〇年八月にかけて、すべてのテーマの住民投票条例の審議件数は一二四三件で、うち直接請求が六七九件、議員提案が二六九件、首長提案が二九五件、可決数は四九九件(可決率四十・一%)、住民投票の実施件数は四二七件であった。テーマでもっとも多いのは合併問題で、審議件数は八九六件、可決数は四四二件（四九・三％）、実施件数は三八〇件であった。同時期の合併以外をテーマとした住民投票では、条例の審議件数は三四八件、可決数は五八件（一六・七％）、実施件数は四八件であった。議会の厚い壁は原発だけでないことが分かる。

　つぎに、一九九五年から二〇二〇年八月にかけて、条例に基づき実施された住民投票のテーマをくわしく見ると、圧倒的に多いのは合併関連三八〇件で、以下、庁舎建設・移転・位置一〇件、廃棄物処理施設関連施設八件、安全保障・自衛隊関連五件、文化・体育施設・市民会館四件、教育・保育施設三件、原発・核三件、…と続く(14)。

　同じく、一九九五年から二〇二〇年八

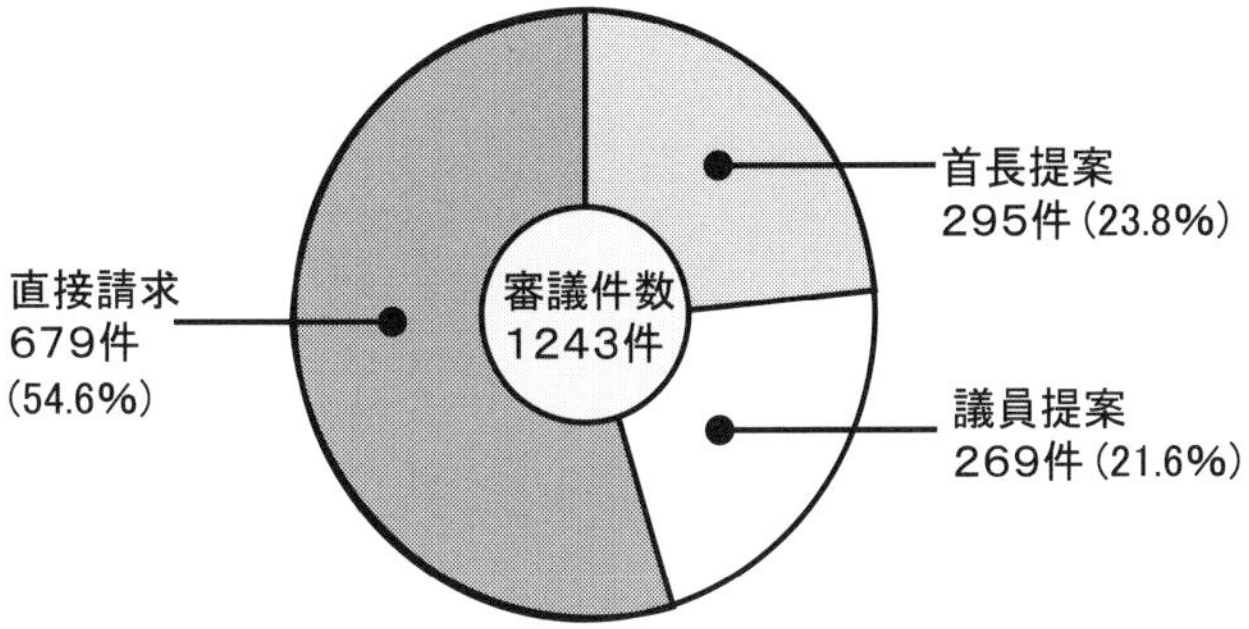

	審議件数	可決数	可決率	実施件数
直接請求	679件	118件	17.4%	109（4）件
議員提案	269件	124件	46.1%	81（3）件
首長提案	295件	257件	87.1%	237（9）件
総計	1243件	499件	40.1%	427（16）件

審議件数：可決数に実施必至型住民投票条例による請求・発議分は含まないが、実施数には含み、（　）内に内数として表示。

図２　すべてのテーマの住民投票条例の審議件数

［出典］今井一編著『住民投票の総て』（「住民投票／国民投票」情報室、2020年）の「特別データ」459Pの図を参考に作成

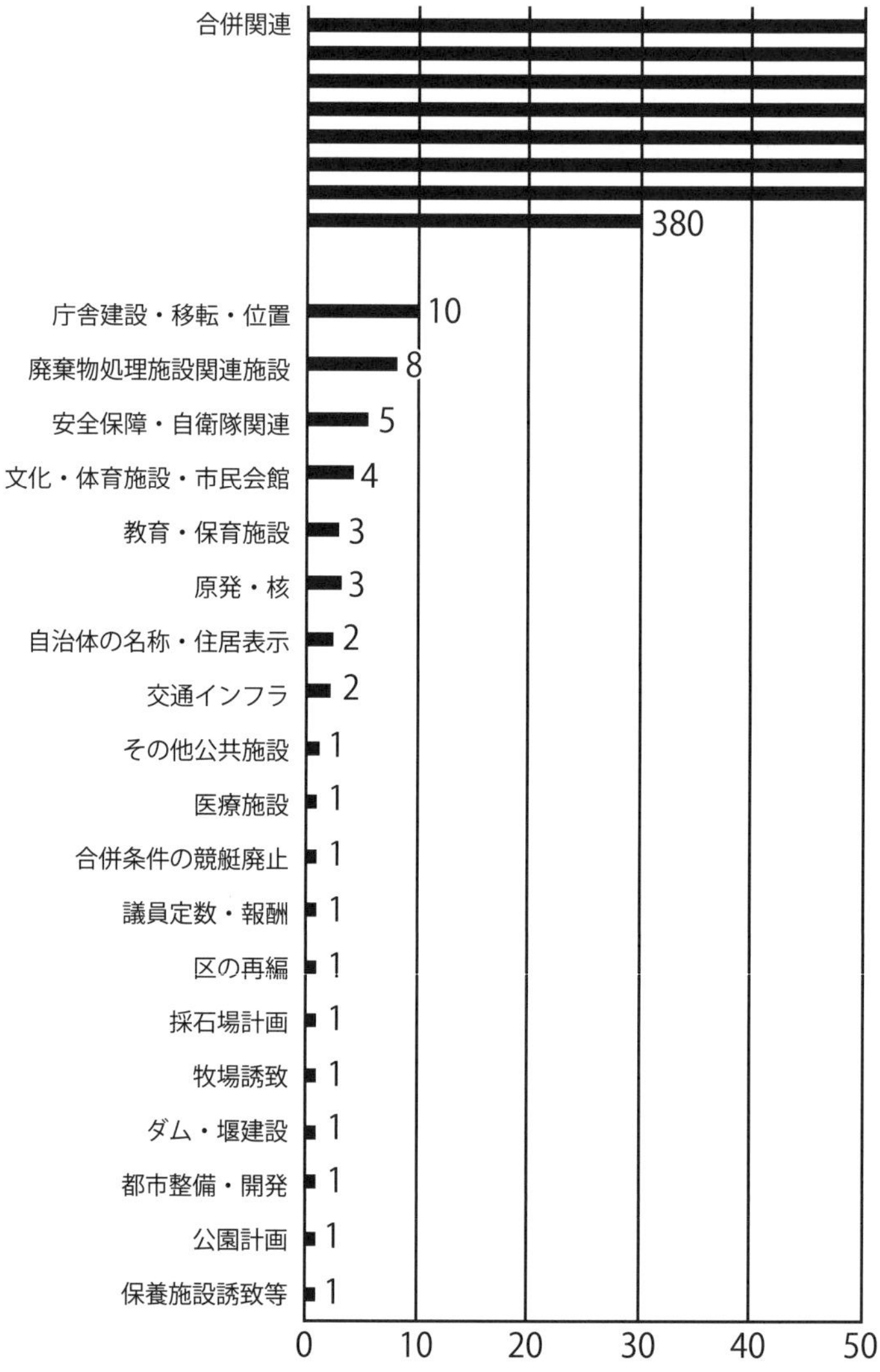

図３　条例に基づき実施された住民投票のテーマ
（1995年～2020年８月）

［出典］前掲今井編『住民投票の総て』の「特別データ」461Pの図を参考に作成

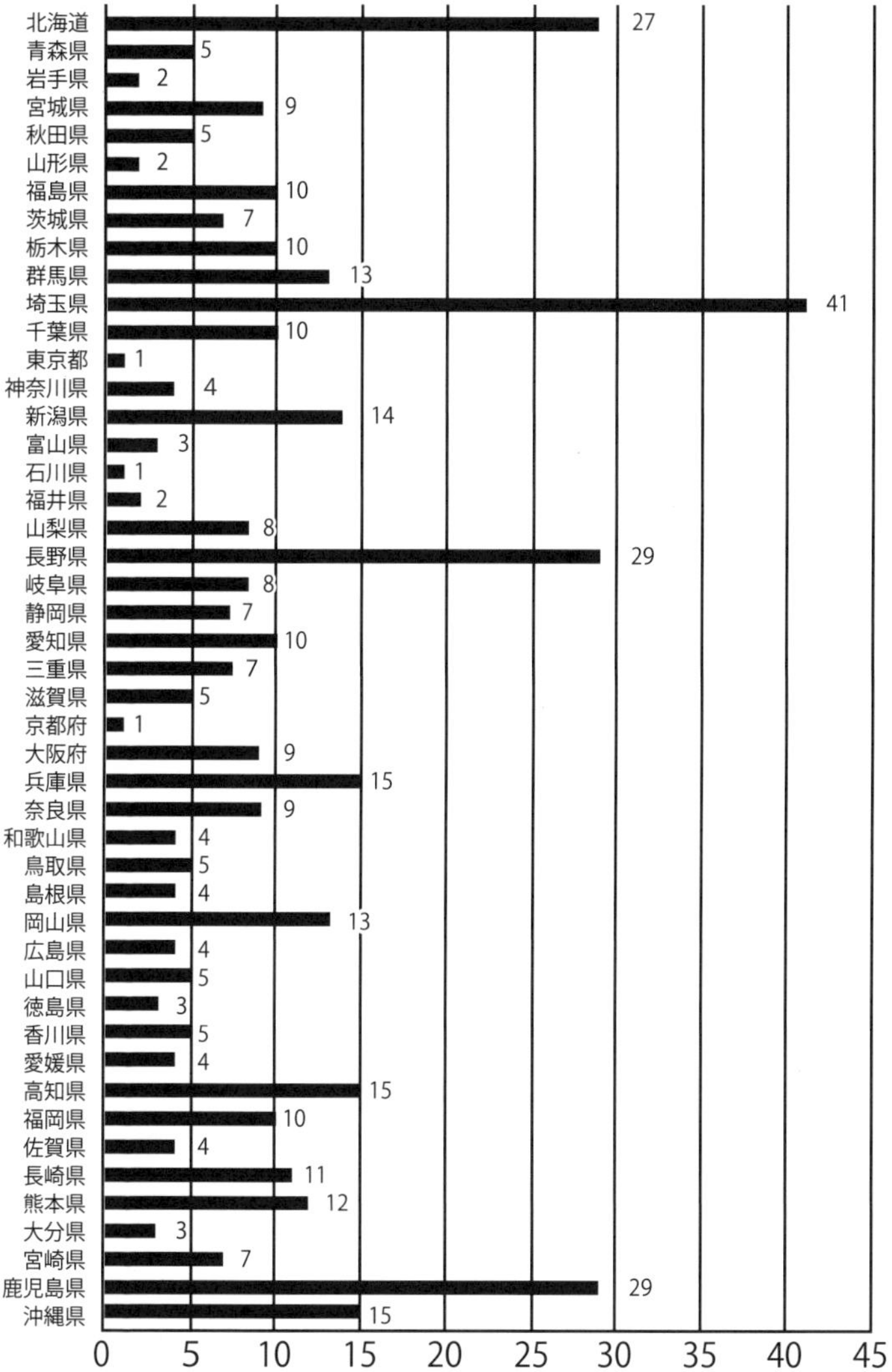

図４　条例に基づき実施された住民投票の都道府県別実施件数
（1995年～2020年８月）

［出典］前掲今井編『住民投票の総て』の「特別データ」460Pの図を参考に作成

月にかけて、条例に基づき実施された住民投票の実施件数を都道府県別に見ると、もっとも多いのは首都圏の人口が急増する埼玉県の四一件で、逆に少ないのは東京都と石川県と京都府のそれぞれ一件である(15)。

このように、住民投票は日本ではあまり縁がないと考えている者には意外だが、住民投票はすべての都道府県で実施されている。日本の議会制民主主義という間接民主政が直接民主政の住民投票によって補完されていることがデータによって分かる。住民投票は好むと好まざるにかかわらず、否定できない事実なのだ。

第三章　住民投票の法制化に向けて

しかし、日本の住民投票には大いなる欠陥がある。新潟県旧巻町は住民投票を実施して原発建設を止め、岐阜県御岳町は巨大な産廃処分場の建設を止めたが、沖縄県と名護市の住民投票では圧倒的多数の住民が米軍基地やヘリポート基地の建設に反対したにもかかわらず、「国策にかかわる」として国の厚い壁に遮られた。他の多くの自治体では議会が「間接民主主義が日本の国是だ」「住民投票は間接民主主義を否定する」「衆愚政治になる」などと条例案を否決しお蔵入りになった。

このため、住民投票条例の制定を控えていた徳島市で一九九九年五月に開催された「住民投票全国ネットワーク」(加盟二二団体)の設立総会では、参加者から「議会否決」と「法的拘束力」という二つの壁に関する発言が相次ぎ、こうしたデッド・ロックの状況を打開していくべく、同年六月、各地の住民投票グループが集う「住民投票立法フォーラム」(新藤宗幸、折田泰宏共同代表)が設立された。わたしは立法フォーラムの動きは新聞などで厚い関心を持って追っていたが、そのころわたしが手掛けていた人形峠ウラン残土撤去運動が佳境に入って多忙を極め、立法フォーラムには参加していない。立法フォーラムは延べ五〇時間の議論の末、「住民投票に関する特別措置法(試案)」をまとめた。この試案は今井一編著の『住民投票の総て』(16)に載っている。

このネットワークを推進した日本における住民投票の提唱者・今井一の説明によれば、現行制度では住民投票条例に賛同する有権者の二%以上の署名を集め、その制定を首長に対して請求する形式になっており、議会が可決しなければ条例は制定されないが、フォーラム案では欧米で多く採用されている「イニシアティブ」(発案の投票)と「レファレンダム」(表決の投票)の除外事項を一切設けず、地域社会において争点となるものであれば、あらゆるテーマで住民投票を請求できるとした。これにより、たとえば徳島市の吉野川可動堰建設問題など当該自治体に許認可権限のない事項や、原発や基地といった国策に関する事項も住民投票の対象になるとした。

フォーラム案では公職選挙法の定める有権者は「発案権」と「投票権」の両方を持つことができると定めた。住民投票の成立要件については、「イニシアティブ」「レファレンダム」ともに、住民投票の過半数の票が投票資格者総数の三分の一に達すれば、その票の示す意思を自治体の意思とみなすとした。これに伴い、自治体の首長や議会はこの意思に拘束されることになり、投票結果に反する決議や予算を執行できなくなる。のみならず、投票結果に反する許認可処分の申請が国や県や企業から出されても、他の法令の規定にかかわらず不許可としなければならない。フォーラム案では住民投票の投票結果に法的拘束力を持たせているからだ。

わたしはこの「住民投票立法フォーラム」案に全面的に賛成である。少なくとも、今後ともフォーラム案は住民投票の法制化のたたき台になるに違いない。しかし、今井一も認めるように、住民投票の法制化には大きな壁が立ち塞がっており、これに賛同する国会議員を多数獲得しなければならない。住民投票や国民投票が認められれば、議会監視や議会制御が進み、肥大化した議会の権限が縮小されることになるため、ほとんどの議員は——たとえ野党や改革派の議員であっても、住民投票の法制化に反対するであろう。

ところが、日本の歴史において、現実に法制化に近づいた稀有な瞬間がなかったわけではない。二〇一〇年九月〜二〇一一年九月の民主党菅直人政権の片山善博総務相下においてである。

民主党は『民主党政策集Ｉｎｄｅｘ二〇〇九』で「住民投票を地域の意思決定に積極的に取り入れるため、「住民投票法」を制定します。住民投票は住民の意思を確認するために非常に重要な手段であり、適切に利用すれば代議制民主主義を補完して住民の意思を政治に反映する有効な手段になります」と公けにしていた。住民投票の法制化を強い意欲を持って推進したのは菅政権のもとで総務相に就任した片山義博で、「自治体の将来や現在の重要な問題を決めるに当たって、すべてを間接民主制で代表たちに任せてしまうのか。それとも本当にごく重要な局面では、住民の意思が直接参酌される仕組みがあってもいいのではないか」[17]として、二〇一一年二月に国会に提出した「地方自治法の一部を改正する法律案」の原案に、法的拘束力を持たせた「大規模な公の施設の設置に係る住民投票制度の導入」を盛り込み、三月に国会に提出した。

ところが、地方六団体（全国知事会・全国市長会・全国町村会・全国都道府県議会議長会・全国市議会議長会・全国町村議会議長会）が議会制民主主義の根幹を揺るがすとして住民投票に反対するなど、二〇一二年三月に閣議決定された法律案からは、拘束型住民投票制度の導入がはずされた。片山総務相は地域主権改革の道半ば、二〇一一年九月に野田政権が発足し、総務相を退任し改革は頓挫したのである。片山善博は退任後の同年一〇月に慶応大学で行った講演「『地域主権改革』のゆくえと地方自治の課題」[18]で、「地方議会の機能不全を改善し、住民の信用を得ることが重要だ」と説き、間接民主政を補完するため住民投票の導入など住民自治を充実させる必要性という持論を強調している。

むろん、民主党政権の崩壊の主因は地域主権改革の失敗ではなく、外交政策の迷走と挫折に代表される政権の能力不足に求められる。これについては、わたしが山陰で行った講演「アメリカの世界支配と対米従属からの脱却」「アメリカの世界軍事戦略と沖縄普天間基地の辺野古移設」[19]において現在進行形で民主党政権の迷走ぶりを追跡し手厳しく断罪しているので繰り返さないが、要は「民主党政権の試金石」とわたしが呼んでいた普天間基地の移設問題で辺野古に先祖返りし、「学べば学ぶにつけて」沖縄の海兵隊の存在で「抑止力が維持できるという思いに至った」、という鳩山薫の語るに落ちるぶざまな話に行き着いた。そうした民主党政権のなかにあって、片山総務相のもとで地域主権改革と拘束型住民投票制度の導入の試みもあったわけで、思い半ばするものがある。

二〇一一年三月の福島島第一原発の事故を受けて、全国各地で脱原発運動が活発化するなかで、市民グループ「みんなで決めよう『原発』国民投票」が発足し、国民投票に向けて検討と準備を進めるとともに、自治体レベルの住民投票を広く呼びかけた。とりわけ、電力の大消費地である東京と大阪で、法定有効票を上回る署名を集め、住民投票条例の制定を求めてそれぞれの知事に提出した。いずれも知事は反対意見書をつけて議会に回し、二〇一二年の議会であっさり否決された。これに続いて、静岡、新潟、宮城、茨城の各県でも同様に住民投票は議会によって拒否された。

一方、国民投票となると、憲法第四一条【国会の地位・立法権】に「国会は、国権の最高機関であって、国の唯一の立法機関である」と定められており、スイスやドイツやイタリアやアメリカの各州のように法的拘束力のある国民投票を行うためには、憲法を改正して国会だけでなく国民投票によっても法律の制定や改正ができると明記しなければならない。ところが、現行の憲法では、国民投票は憲法の改正についてのみ認められている。すなわち、憲法第九六条【改正の手続き、その公布】の第一項は「この憲法の改正は、各議院の総議員の三分の二以上の賛成で、国会がこれを発議し、国民に提案してその承認を経なければならない。この承認には、特別の国民投票又は国会の定める選挙の際行われる投票において、その過半数の賛成を必要とする」と規定しているのだ。

自民党の推進で憲法改正の手続きを定める国民投票法は、二〇〇七年五月に成立し公布された。その審議過程で民主党は与党案に反対する理由の一つとして、国民投票の対象が「憲法改正に限定されている」ことを挙げた。民主党は二〇〇七年四月提出の民主党修正案で、①憲法改正の対象となりうる問題②統治機構に関する問題③生命倫理に関する問題④その他国民投票の対象とするにふさわしい問題として別に法律で定める問題――の四つに対象を拡大する案を示した。しかし、二年後に政権についた民主党は、憲法改正以外の重要な案件についての国民投票の制度化について、一切口を封じ議論を積み重ねていない。

ところで、自治体レベルの住民投票にせよ国レベルの国民投票にせよ、拘束型でなく諮問型なら法律や憲法の改正なくとも実施できる。自治体レベルで言えば、かりに条例案が議会で否決されても、市民の自主管理で住民投票を行なえばいいのだ。それは法的有効性こそないものの、政治的有効性は持っている。むろん、市民は労苦と時間など大変な負担を強いられるが、その分だけ政治的力を身に着ける。条例が成立した場合、その事実だけで政治的力である。それゆえ、住民投票の意義は法的有効性と政治的有効性の両面から考察する必要がある。

すでに指摘したように、たとえば住民投票条例を制定して原発を拒否した六つの自治体（16ページの図1参照）―高知県旧窪川町、三重県旧南島町と旧紀勢町、新潟県旧巻町、宮崎県串間市、三重県旧海山町―は、条例の制定そのものが町長と議会の意思を政治的に縛った。実際に投票が行われた巻町は、町長・議会ともその投票結果に従うとの町長の事前の公言に基づいて、原発推進派が推進した海山町は、条例そのもののなかに町長・議会ともに有効投票の賛否いずれか過半数の意思に従うとの条例の規定に基づいて、いずれも原発の立地を葬った。

原発のある新潟県刈羽村は二〇〇一年二月の住民投票でプルサーマル反対が多数を占めた。住民投票の政治的有効性は、さまざまな形態をとり得る。原発に限らず、全国で各種の住民投票が実施されているわけだし、たしかに労苦と時間と負担はかかるが、わたしが現行の法令の枠内でも可能な住民投票を薦めるゆえんである。

地方自治体レベルの住民投票運動は、当該自治体の市民グループや住民組織の連携が主体となるであろう。「みんなで決めよう「原発」国民投票」のような全国ネットの市民グループは、触媒と広報の機能および情報・資料の提供の役割を担わざるを得まい。政党が表立って介入すると、ややこしいことになり、マイナスの効果をもたらしかねまい。住民投票は議会＝政党の機能不全と政治の閉塞から噴出しているからだ。

巻町の住民投票は反原発六団体が手を結んで成功した。そのなかには、社会党系の団体もあったし共産党系の団体もあった。しかし、巻町の反原発運動は政党主導ではなく、建設予定地のそばの土地を所有する人びとの「巻原発反対共有地主会」や党派にとらわれない人びとが集う「原発のない住みよい巻町をつくる会」のようなグループが中心にいたからこそ、六団体の連合体が威力を発揮したのであろうとわたしは考える。巻町の「巻原発反対共有地主会」の一坪運動は、福島県の浪江小高原発計画に反対する浪江町の棚塩地区の一坪運動と共に、わたしたちが鳥取県の青谷原発立地阻止運動の〝決め手〟として、住民投票に先立って学んだ貴重な先例であり教訓であった。

むろん、近代にあっては、いつの世どこにでも政党は存在するであろうし、住民投票に政党は関与してくるであろう。しかし、今日の代表制ないしは議会制におけるように、政党がわがもの顔でのさばったり出しゃばらない方がいいし、住民投票のような直接立法では政党の意義や役割は減少せざるを得ないだろう。場合によっては、住民投票に限って政党の介入を制限することも考えていいだろう。複雑な現代の政治・経済・社会や技術的諸問題の分析や政策を形成する能力は、学者や政党だけが持っているわけではない。たとえば、無党派市民が主導する日本の各地の反原発運動ないしは脱原発運動を見れば、市民の見識の高さは明らかだ。市民のなかから見識のある者は必ず出るし、ひたすら企業や行政におもねる御用学者だらけの日本にも、市民の立場から専門的な研究や研鑽を批判的に生かす市民科学者たち(20)

もいる。かれらは市民の要請があればいつでもはせ参じるだろう。

有権者は議会の議員を選ぶさい、すべてを議員に委ねたわけではないもかかわらず、当選した議員たちはあたかもすべてを受託されたかのように、公言していない問題についても恣意的に判断し行動する。このような限界をもつ議会にすべてを委ねることはできず、少なくとも原発とか基地のような重大な問題は、市民が主権者として住民投票ないしは国民投票によって決定するシステムが望ましい。むろん、重大な問題は国民投票で決めよとの世論を盛り上げることは大事だが、国民投票は政府や議会の頑強な抵抗に会って、その実現はきわめて困難であろう。しかし、自治体レベルの住民投票なら、むろん時間と労力はかかるものの、拘束型の法的有効性はなくとも、各地で住民投票を現実に実施して、その結果の尊重ないしは採用を自治体の首長や議会に迫ることは可能だし有効であろう。繰り返すが、法的有効性はなくとも政治的有効性はあるのだ。

市民に影響を及ぼす行政や議会あるいは私企業の大規模な施策や計画に対して、市民は選挙や議会における討論や決議といったう回路を通して間接的に意思を表明することに満足できなければ、集会やデモといった直接行動、あるいはまた、住民投票に訴えて異議申し立てをできる。いずれも、集会デモクラシーに由来する直接民主政的ないしは半直接民主政的な意思表示の方法である。

住民投票は直接民主政の申し子である。スイスでは半直接民主政と呼ばれている。スイスやドイツやイタリアやアメリカの各州では、住民投票は制度化もしくは法制化されているが、日本では法制化されていない。日本もさきの国々にならって制度化ないしは法制化すべきである。わたしたちは集会デモクラシーに由来する住民投票の直接民主政的ないしは半直接民主政的な手段の制度化を求めつつ、かりに制度化されていなくとも、その精神を生かして、集会やデモなどの直接行動や住民投票に訴えざるを得ないのである。

第四章　世界の住民投票

さきに指摘したように、住民投票にはこれまで見てきた地方自治体レベルのもののほか国政レベルのものがある。国政レベルの住民投票つまり国民投票はいわば住民投票の全国版だが、日本では法制度上、国民投票が実施されるのは、憲法第九六条に基づき国会が発議した憲法改正案の是非を国民に問う場合のみである。しかも、これは日本では一度も実施されたことがない。

ところが、ヨーロッパ諸国など外国では憲法だけでなく、法律や一般的な重要案件も住民投票や国民投票にかけられる。のみならず、少なからぬ国で発案権が認められている。これは法定数の有権者による議案が発案された場合、議会はそれを審議することが義務づけられる制度である。議会が審議の結果、その立法を拒否すれば、有権者は自らの表決によって、その議案の採否を決定する立法例もある。

ここで、東京都の『住民参加制度研究会報告書』(21)や参議院憲法調査会事務局の『国民主権と半直接民主制に関する主要国の制度』(22)などを参考に、世界の住民投票あるいは国民投票の概要を見て行こう。

世界の住民投票あるいは国民投票は、一般に「イニシアティブ」（直接発案）と「レファレンダム」（直接表決）から成る。イニシアティブは、住民あるいは国民が望む立法を積極的に可能にする発案権または発議権である。有権者に対して憲法および法律の制定・修正（地方段階では憲章、条例が対象となる）の提案を認める直接立法制度であり、請願の手続きを経て、その提案を有権者の住民投票で受け入れたり拒否したりするものである。イニシアティブは法律の性質によって、「憲法イニシアティブ」または「法律イニシアティブ」と呼ぶことがある。制定方法によって、「直接イニシアティブ」と「間接イニシアティブ」に分類される。さらにまた、発案の方式によって、直ちに議会で審議し得る法案形式で行うことを要件とする「定式的発案」と立法の目的・趣旨のみ示せば足りる「非定式的発案」に分けられる。

「直接イニシアティブ」は、特定数または特定率（通常五〜八％）の有権者の署名を得た請願が要件を満たすと、市民が提案した法案を住民投票に委ねるものである。これに対して、「間接イニシアティブ」では、市民の請願が要件を満たすと、その法案を議会に送付し、議会はそれを自ら可決して法律とすることができる。この場合、有権者の住民投票に委ねる必要はない。しかし、議会がこれを可決しなかったときは、有権者による住民投票を行い、過半数の賛成多数を得た場合に法律となる。議会が修正案または代替案を可決して、市民請願による法案と合わせ二案を住民投票にかけて、有権者の選択に委ねることもある。

「定式的発案」は、発案者の意向通りの立法とするため、また発案の濫用を防止するために取られるもので、イタリア憲法第七一条二項「国民は、少なくとも五万人の選挙権者による条文に起草された草案の提出により、法律を発案することができる」などがその例である。「非定式発案」の立法例は比較的少ないが、スイスは憲法で「定式的」「非定式的」の両者とも認めている。

イニシアティブとレファレンダムが頻繁に実施されているスイスは異例中の異例で、スイスについてはあとで章を改めて取り上げるが（本書の第二部「デモクラシー」の第三章「中世から近代のスイスの直接民主政と半直接民主政」）、スイス憲法では国政レベルではイニシアティブは「憲法発案」しか制度化されていない。逆に、一般に、イニシアティブはイタリア憲法のように「立法発案」のみ認めている。

一方、レファレンダム（国民表決）は、イニシアティブよりも消極的な直接立法制度で、議会で議決された憲法や憲法改正、あるいはまた、法律などの案について国民の賛否を問うものである。レファレンダムはヨーロッパを中心に各国で実施されている。やや古いデータだが、表1は、参議院憲法調査会事務局の『国民主権と半直接民主制に関する主要国の制度』に載っている一九〇〇年から一九九五年にかけて実施された自由民主主義諸国（代議制民主主義諸国）における全国的レファレンダムの実施状況である。スイスが三八〇回と圧倒的に多く、ヨーロッパではついでイタリア三九回、アイルランド一八回、デンマーク一七回となっている。ヨーロッパ以外では、オーストラリア四九回、ニュージーランド三四回と多い。

レファレンダムは、①実施される地域による「全国的レファレンダム」と「地方的レファレンダム」②実施の対象による「憲法レファレンダム」と「立法レファレンダム」③実施の要否による「義務的レファレンダム」と「任意的レファレンダム」④表決の効果による「諮問的レファレンダム」と「拘束的レファレンダム」、に類型化される。

各国の具体的な制度の在り方は、これらの要素の組み合わせによって定まっている。「全国的レファレンダム」で、もっとも広く認められているのは「憲法レファレンダム」で、日本国憲法もその一つである。憲法レファレンダムは「義務的レファレンダム」としている例が多いが、「義務的レファレンダム」

国名	1900 – 1909	1910 – 1919	1920 – 1929	1930 – 1939	1940 – 1949	1950 – 1959	1960 – 1969	1970 – 1979	1980 – 1989	1990 – 1995	合計
ドイツ			2	(4)							2
イギリス								1			1
オーストリア				(1)				1		1	2
ベルギー						1					1
デンマーク		1	1	1		2	6	3	1	2	17
スペイン					(1)		(1)	(2)	1		1
フィンランド				1						1	2
フランス					(4)	1	4	1	1	1	8
ギリシャ			(3)	(1)	(1)		(1)	(2)			0
アイルランド				1		1	2	5	4	5	18
アイスランド		1		1	2						4
イタリア			(1)	(1)	(1)			3	12	24	39
ルクセンブルク		2		1							3
ノルウェー	2	1	1					1		1	6
オランダ											0
ポルトガル				(1)							0
スウェーデン			1			2			1	1	5
スイス	14	11	32	23	17	45	26	86	62	64	380
カナダ					1					1	2
アメリカ											0
オーストラリア	1	14	3	2	5	1	2	11	10	0	49
ニュージーランド	3	4	3	3	6	3	6	3	3	0	34

(*)　かっこ内の数字は、権威主義体制下又は民主制への移行期に行われたレファレンダムで、合計数には含まれていない。
(*)　集計の基準時、集計方法の違い等により、他の表と一致しないことがある。

表１　自由民主主義諸国における全国的レファレンダムの実施状況

［出典］参議院憲法調査会事務局『国民主権と半直接民主制に関する主要国の制度』(2003年)

は国民投票が国民に義務づけられているものである。

また、「任意的」な「立法レファレンダム」の場合、いかなる機関にレファレンダムの発案権が認められるかと言えば、①首相・議会多数派（スペイン憲法）②野党・議会少数派（デンマーク憲法）③国家元首（フランス憲法）、といった類型がある。

こうしたレファレンダムの変種として、イタリア憲法に例を見る「廃止的レファレンダム」と呼ばれる制度がある。イタリア憲法第七五条一「五〇万の選挙人または五つの州議会が要求するときは、法律または法律の効力を有する行為を、全部または一部、廃止するかどうかを決定するために、国民投票が行われる」と規定している。

日本の地方自治法は、有権者の五〇分の一以上の者の署名を集めれば、条例の制定または改廃の請求をすることができる、と定めている。住民投票立法フォーラム案では、その自治体の投票資格者数が五〇万人以下の場合はその一〇〇分の一〇（一〇％）、五〇万人を超え一〇〇万人以下の場合は一〇〇分の八（八％）、一〇〇万人以上の場合は一〇〇分の五（五％）、と人口に応じて必要な署名数に差をつけている。

今井一編著『住民投票の総て』(23)によりながら世界の事例を見れば、アメリカのカリフォルニア州は州法についてのイニシアティブまたはレファレンダムとも、前回知事選の五％、オハイオ州はイニシアティブが有権者の三％、レファレンダムが有権者の六％となっている。ドイツの場合、法律に関するイニシアティブ（州民発案）はブレーメン州が有権者の二〇％、バイエルン州が有権者の一〇％、バーデン＝ヴュルテンベルク州では有権者の六分の一である。日本の「常設型」住民投票条例の請求に必要な請求署名が、投票資格者の三分の一といったべらぼうな高さであることをあとで見るが、それがいかに世界の常識とかけ離れているかは明らかだ。

日本と同様、スペインやフィンランドなどは、いくら請求署名を集めても住民投票を実施するかどうかは議会が決める。逆に、オーストリア、ルクセンブルグ、チェコなどでは、一定数の署名が集まれば必ず住民投票を実施する。しかし、アイルランド、ノルウェー、ベルギー、ポルトガルのように、住民投票の発案権が議会や自治体当局にしかなく、住民に発案権がない国もある。

第五章　アメリカとドイツの参考例

アメリカの住民投票制度

いわゆる先進国のなかで、直接立法（住民投票）が活発な国として研究されているのは、スイス、アメリカ、ドイツなどである。いずれも連邦制国家で、地方自治の伝統が強い国である。スイスは第二部第三章「中世から近代のスイスの直接民主政と半直接民主政」で取り上げるので、ここでは日本の参考になればと考え、アメリカとドイツの地方レベルの直接立法（住民投票）制度について見ていきたい。

アメリカの直接立法制度も、「イニシアティブ」（直接発案）と「レファレンダム」（直接表決）の二種類からなるが、これら二つの制度のほかに、住民が選挙で選んだ公職者を、一定数の署名と住民投票

州名	憲法修正			州法			
	イニシアティブ		レファレンダム	イニシアティブ		レファレンダム	
	直接	間接	議会提案	直接	間接	議会提案	市民請願
アラバマ							
アラスカ			★	★		★	★
アリゾナ	★		★	★		★	★
アーカンソー	★		★	★		★	★
カリフォルニア	★		★	★		★	★
コロラド	★		★	★			
コネチカット			★				
デラウェア			★			★	
フロリダ	★		★				
ジョージア			★				
ハワイ			★				
アイダホ			★	★		★	★
イリノイ	★		★	★		★	
インディアナ			★				
アイオア			★				
カンザス			★				
ケンタッキー			★			★	★
ルイジアナ			★				
メイン			★		★	★	★
メリーランド			★			★	★
マサチューセッツ		★	★		★	★	★
ミシガン	★		★		★	★	★
ミネソタ			★				
ミシシッピー		★	★				
ミズーリ	★		★	★		★	★
モンタナ	★		★	★		★	★
ネブラスカ	★		★	★		★	★
ネバダ	★		★	★	★	★	★
ニュー・ハンプシャー			★				
ニュー・ジャージー			★				
ニュー・メキシコ			★			★	★
ニューヨーク			★				
ノース・カロライナ			★				
ノース・ダコタ	★		★	★		★	★
オハイオ	★		★	★	★	★	★
オクラホマ	★		★	★		★	★
オレゴン	★		★	★		★	★
ペンシルベニア			★				
ロード・アイランド			★				
サウス・カロライナ			★				
サウス・ダコタ	★		★	★		★	★
テネシー			★				
テキサス			★				
ユタ			★	★	★	★	★
バーモント			★				
バージニア			★				
ワシントン			★	★	★	★	★
ウェスト・バージニア			★				
ウィスコンシン			★				
ワイオミング			★		★		★

表2　アメリカ合衆国における住民投票制度

［出典］東京都『住民参加制度研究会報告書』(2007年)

区　　分	報告数	イニシアティブ		レファレンダム		リコール		請　　願	
		都市数	%	都市数	%	都市数	%	都市数	%
都市数合計	3,728	1,829	49.1	3,345	89.7	2,154	57.8	1,200	32.2
人口区分									
500,000以上	9	9	100.0	7	77.8	9	100.0	4	44.4
250,000-499,999	28	23	82.1	26	92.9	23	82.1	13	46.4
100,000-249,999	91	66	72.5	84	92.3	76	83.5	34	37.4
50,000-99,999	223	174	78.0	211	94.6	162	72.6	103	46.2
25,000-49,999	424	277	65.3	388	91.5	281	66.3	152	35.8
10,000-24,999	876	466	53.2	790	90.2	509	58.1	276	31.5
5,000-9,999	903	407	45.1	815	90.3	508	56.3	266	29.5
2,500-4,999	916	319	34.8	790	86.2	460	50.2	276	30.1
2,500未満	258	88	34.1	234	90.7	126	48.8	76	29.5
地理区分									
ニューイングランド	459	248	54.0	395	86.1	132	28.8	125	27.2
中部大西洋岸地方	423	117	27.7	365	86.3	129	30.5	102	24.1
東北中央部	730	360	49.3	679	93.0	460	63.0	247	33.8
西北中央部	433	186	43.0	405	93.5	255	58.9	158	36.5
南部大西洋岸地方	499	143	28.7	451	90.4	259	51.9	111	22.2
東南中央部	133	10	7.5	107	80.5	36	27.1	30	22.6
西南中央部	404	232	57.4	355	87.9	309	76.5	124	30.7
山岳部	219	151	68.9	199	90.9	172	78.5	74	33.8
太平洋岸地方	428	382	89.3	389	90.9	402	93.9	229	53.5
都市圏									
中心都市	334	224	67.1	308	92.2	231	69.2	120	35.9
郊外都市	1,990	998	50.2	1,782	89.5	1,166	58.6	643	32.3
独立都市	1,404	607	43.2	1,255	89.4	757	53.9	437	31.1
政府の形態									
市長・議会型	1,513	546	36.1	1,333	88.1	754	49.8	434	28.7
議会・支配人型	1,915	1,145	59.8	1,757	91.7	1,293	67.5	693	36.2
委員会型	58	21	36.2	53	91.4	33	56.9	18	31.0
住民総会	208	103	49.5	174	83.7	60	28.8	41	19.7
代議員住民総会	34	14	41.2	28	82.4	14	41.2	14	41.2

表3　直接民主主義制度をもつアメリカ合衆国の都市

［出典］前掲東京都『住民参加制度研究会報告書』

によって、任期満了前に解職するリコールという制度もある。

少しデータが古いが、牧田義輝の「アメリカの住民投票制度」[24]や東京都『住民参加制度研究会報告書』[25]によれば、アメリカの州における直接立法制度は、憲法修正については直接イニシアティブが一六州、間接イニシアティブが二州、レファレンダムはアラバマ州を除く四九州で制定されている。州法については、直接イニシアティブが一七州、間接イニシアティブが九州、議会提案レファレンダムが二四州、市民請願レファレンダムが二三州で制定されている。

アメリカの自治制度は州内の自治体でも整備されている。都市化が進むなか、レファレンダムは都市の規模と関係なく万遍なく制定されているのに対して、イニシアティブは都市の規模が大きくなればなるほど制定される割合が高い。

イニシアティブとレファレンダムの起源については、植民地時代のニューイングランドに始まったとする見解や一九世紀末から二〇世紀初めの市政改革運動に求める見解など、いろいろな見方がある。前者は、アメリカの自治制度は直接民主主義を基本とし、それを補完するものとして間接民主主義を位置づける仮説と関係しよう。

小室明子の「住民投票をどのように行うのか ― アメリカの経験に学ぶ」[26]は、アメリカにおけるイニシアティブとレファレンダムの歴史と発展を大きく三つの時代に分けている。第一期は一八世紀後半から一九世紀前半、憲法制定および改正のためのレファレンダムが全米に普及した時代で、独立宣言の二年後の一七七八年、マサチューセッツ州で行われた州憲法の批准投票（レファレンダム）に始まる。これは独立に伴い民衆の代表（州議会）が新たに編纂した州憲法を民衆の表決に付すというものであった。一七八〇年、民衆の賛成多数で州憲法は発効し、以後アメリカのほとんどの州では、憲法の制定および改正の発議や承認について、州民によるレファレンダムを必要とするように定められた。第二期は一九世紀半ば、地方的な事項や特定の州法に対する州民のレファレンダムが広がった時代である。第三期は一九世紀末から二〇世紀初頭の約二〇年間で、スイスのカントン（邦）で行われていたイニシアティブとレファレンダムの制度を輸入し、これが西部諸州を中心に普及した時代である。今日のイニシアティブとレファレンダムの多くは、この時期に発展したものである。

アメリカでは原発に関する州民投票が州レベルで盛んに行われてきた。表4は、今井一『「原発」国民投票』(27)に載っている一九七二年から二〇年間にアメリカの各州で実施された原発に関する州民投票の一覧であるが、住民側の成功例は三五％である。最初に、原発建設に対して住民投票による承認を求めるイニシアティブが可決されたのは、一九七八年のモンタナ州であった。

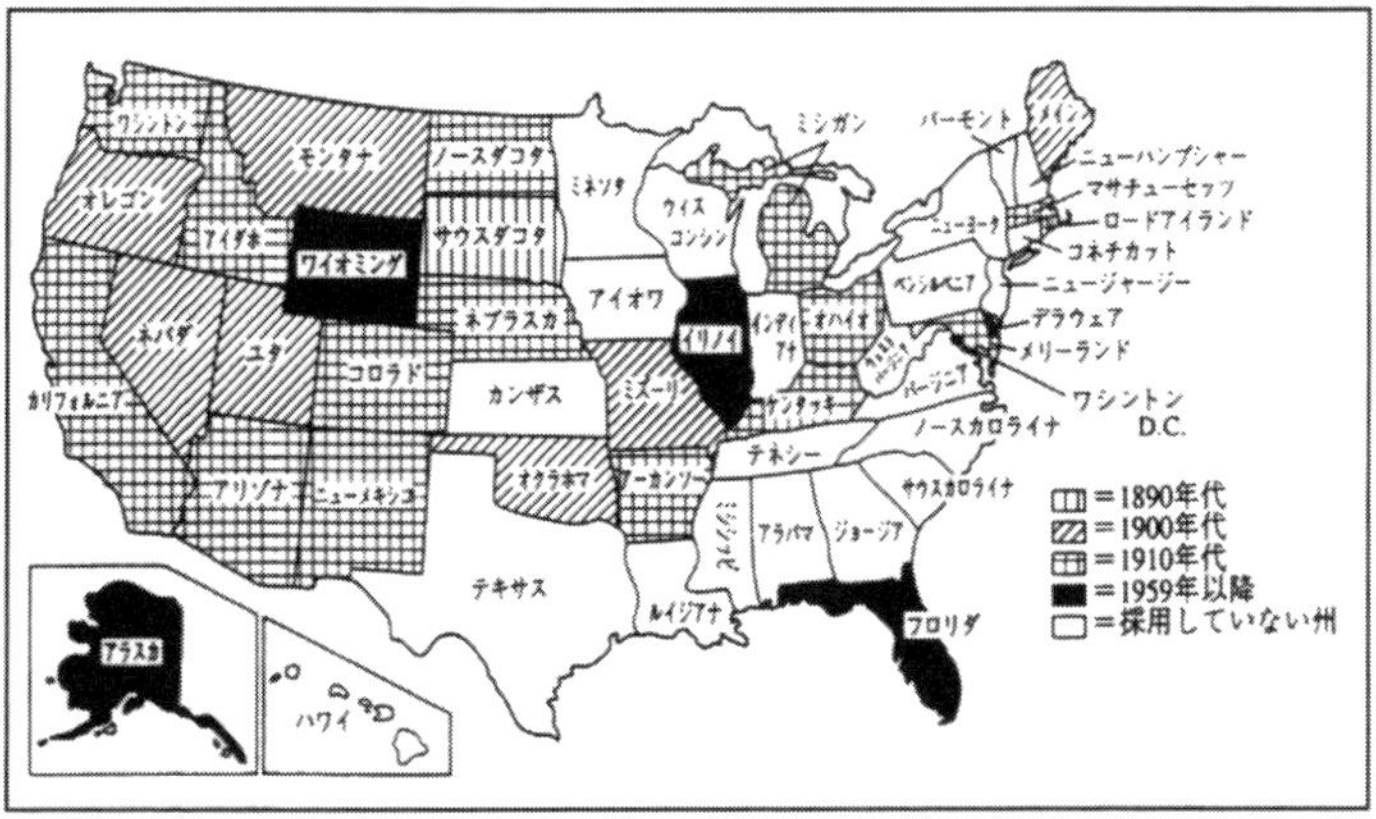

図５　アメリカ合衆国に渡ったスイス式の半直接民主政

［出典］横田清編『住民投票Ｉ』（公人社、1997年）の第２章「住民投票をどのように行うのか」（小室明子）

実施年	州　名	問われた案	可○否×	賛否の比率
1972	カリフォルニア	5年間の原発の新規建設の停止	×	35：65
1976	〃	原発建設の規制強化	×	33：67
〃	オレゴン	〃	×	42：58
〃	モンタナ	〃	×	42：58
〃	ワシントン	〃	×	33：67
〃	オハイオ	〃	×	32：68
〃	アリゾナ	〃	×	30：70
〃	コロラド	〃	×	29：71
1978	モンタナ	〃	○	65：35
〃	オレゴン	原発建設費を電気料金に被せる事を禁止	○	69：31
〃	ハワイ	原発建設の規制強化	○	65：35
1980	メイン	原子力発電の禁止	×	41：59
〃	ワシントン	核廃棄物の持ち込み禁止	○	75：25
〃	オレゴン	原発建設の規制強化	○	53：47
〃	モンタナ	核廃棄物処分の禁止	○	50.1：49.9
〃	サウスダコダ	核燃料サイクル施設建設の規制強化	×	48：52
〃	ミズーリ	原発建設の規制強化	×	39：61
1981	ワシントン	公費を原発に投入することを規制	○	56：44
〃	メイン	エネルギー委員会の改組	×	39：61
1982	マサチュセッツ	原発・核廃棄物施設建設の規制強化	○	67：33
〃	アイダホ	「州法で原発を禁止すること」を禁ずる	○	61：39
〃	メイン	原子力発電の禁止	×	44：56
〃	モンタナ	核廃棄物処分の規制緩和	×	24：76
1984	オレゴン	核廃棄物処分の規制強化	○	68：32
〃	サウスダコダ	〃	○	62：38
〃	ミズーリ	原発建設費を電気料金に被せる事を規制	×	33：67
1986	ワシントン	核廃棄物処分計画の撤回	○	84：16
〃	オレゴン	原発の閉鎖	×	36：64
1987	メイン	〃	×	41：59
1988	ネブラスカ	核廃棄物の持ち込み規制の強化	×	36：64
〃	マサチュセッツ	原発の閉鎖	×	32：68
1990	オレゴン	〃	×	41：59
1992	〃	〃	×	40：60
〃	〃	原発閉鎖費用の株主負担	×	43：57

表4　アメリカ合衆国の各州で実施された原発に関する住民投票
（1992年～1992年）

［出典］今井一『「原発」国民投票』（集英社新書、2011年）の
第２章「諸外国で実施された「原発」国民投票」62Pの表を参考に作成

さきの小室明子の報告によれば、ワシントン州では「原子力安全イニシアティブ」が一九七六年に否決されたが、一九七九年のスリーマイル島の原発事故を受けて、再び市民の関心が高まり、一九八〇年のイニシアティブで核廃棄物の持ち込み禁止を含む原発反対イニシアティブが七五％で可決された。しかし、このイニシアティブは発効する前に、核廃棄物のための土地の占有と州間の通商を侵害するものとして、連邦裁判所によって違憲かつ無効とされた。住民側は流産に終わった住民投票を成功させるため一九八一年のイニシアティブにおいて、銀行や投資銀行のあと押しで巨額な費用を使ったイニシアティブ反対派の企業側を破った。

一九八六年の旧ソ連のチェルノブイリ原発事故では、数州の反原発グループが稼働中の原発の閉鎖を求めて運動を起こし、一九八六年のオレゴン州、一九八七年のメイン州、一九八八年のマサチューセッツ州の州民投票にかけたが、いずれも及ばず閉鎖に至らなかった。一九八八年にはカリフォルニア州サクラメント市で原発閉鎖を求めて郡（カウンティ）レベルのイニシアティブが提起されたが、四九・七％の賛成で惜しくも可決に至らなかった。

原発をめぐるイニシアティブの功績としては、かりに原発の建設や稼働中の閉鎖に至らなかったとしても、電気・ガス・水道などの公益事業の在り方に問題を提起し、経営に対する住民の監視を強めたということが挙げられている。

しかし、アメリカの住民投票制度の欠陥は、住民投票が州レベルに限られ、連邦レベルで制度化されていないということだ。人口と領土の巨大さのゆえでもあろうが、連邦の帝国化を州レベルで阻止する手立てがないのである。

ドイツの住民投票制度

つぎに、ドイツにおける直接立法制度を稲葉馨『「ドイツにおける市民投票制度の特色」』[28]や東京都『住民参加制度研究会報告書』[29]によって見ることにしよう。ドイツは一九一九年制定のワイマール憲法の時代、帝政から共和制、民主制に移行した時期で、連邦の憲法も各州の憲法も直接民主政的な要素をかなり取り入れていた。ヒトラーの全体主義的支配を国民投票制度に結び付ける誤解もあるくらいである。

ドイツでは、ワイマールの伝統が継承されて、旧西ドイツの一一州のうち八州が戦後まもないころに州民立法制度を憲法で定めていた。一九九〇年一〇月の東西ドイツの統一で、ドイツ連邦共和国は新たに五洲が加わって一六の州により構成されることとなった。そのうち、ベルリン、ハンブルク、ブレーメンの三つは都市州といって、都市そのものが同時に州であるという位置づけになっている。

最初に住民（厳密には市民）投票制度を制度化したのは、一九八〇年代まではバーデン＝ヴュルテンブルクのわずか一州だけだったが、一九九〇年代に入ると、旧東ドイツの新五州のほかシュレースヴィヒ＝ホルシュタイン、ニーダーザクセン、ヘッセン、ノルトライン＝ヴェストファーレンおよびラインラント＝プファルツに導入された。

ドイツにはスイス同様、直接立法制度が連邦、州、郡・市町村レベルの三層に存在する。すなわち、連邦レベルは国民投票、州レベルは州民投票、郡・市町村レベルは住民投票（市民投票）である。

連邦レベルの国民表決と国民発案・投票制度は一九七六年の憲法改正で導入されたものである。ただし、連邦レベルの国民投票は、連邦領域の「再編」に限って認められている。

	州民請求			州民発案			州民投票							除外事項				
	成立要件			成立要件			憲法改正		議会解散		法律提案			予算	財政	租税	給与	人事
	憲法改正	議会解散	法律提案	憲法改正	議会解散	法律提案	最低投票率	成立要件	最低投票率	成立要件	最低投票率	成立要件	対案					
バーデン=ヴュルテンベルク				有権者 1/6				有権者 1/2		有権者 1/2		票1/2 有1/2	あり	×		×	×	
バイエルン				有権者 1/10	有権者 100万	有権者 1/10		投票 1/2		投票 1/2		投票 1/2	あり	×				
ベルリン					有権者 1/5				有権者 1/2	投票 1/2								
ブランデンブルク	住民 2万	有権者 15万	住民 2万	有権者 8万	有権者 20万	有権者 8万		票2/3 有1/2		票2/3 有1/2		票1/2 有1/4	あり	×		×	×	×
ブレーメン				有権者 1/5		有権者 1/5	有権者 1/2	有権者 1/2			有権者 1/2	投票 1/2	なし	×		×	×	
ヘッセン				有権者 1/5		有権者 1/5	純粋な国民立法 改憲なし					投票 1/2	なし	×		×	×	
メクレンブルク=フォアポンメルン	有権者 15,000		有権者 15,000	有権者 14万		有権者 14万		票2/3 有1/2				票1/2 有1/3	あり	×		×	×	
ニーダーザクセン	有権者 7万		有権者 7万	有権者 10%		有権者 10%		有権者 1/2				票1/2 有1/4	あり	×		×	×	
ノルトライン=ヴェストファーレン				有権者 1/5		有権者 1/5	純粋な国民立法 改憲なし					投票 1/2	あり		×	×	×	
ラインラント=プファルツ				有権者 1/5	有権者 1/5	有権者 1/5		有権者 1/2		投票 1/2		投票 1/2	なし		×	×	×	
ザールラント				有権者 1/5		有権者 1/5						有権者 1/2	あり	×	×	×	×	
ザクセン	有権者 4万		有権者 4万	有権者 45万		有15万 有15%		有権者 1/2				投票 1/2	あり	×		×	×	
ザクセン=アンハルト	有権者 35,000		有権者 35,000	有権者 25万		有権者 25万		票2/3 有1/2				票1/2 有1/4 ☆	あり	×		×	×	
シュレースヴィヒ=ホルシュタイン	有権者 2万		有権者 2万	有権者 1/20		有権者 1/20		票2/3 有1/2				票1/2 有1/4	あり	×		×	×	
テューリンゲン	有権者 6%★		有権者 ★6%	有権者 14%		有権者 14%		有権者 1/2				票1/2 有1/3	あり	×		×	×	×

C.Hoof/A.Kempf, Dokumentation zur plebiszitaren Praxis und Verfassungsrechtslage in den Bundesländern, Zeitschrift fur Parlamentsfragen, 1993, Heft 1, S. 14ff. [17] (1992.12時点) を利用し、その後の憲法改正（4州）をも踏まえ、修正・加筆した（1994年8月時点まで）。

なお、ヘッセンでは、改憲には常に議員定数の過半数の賛成と州民投票を要する。ノルトライン=ヴェストファーレンにおいては、議員定数の3分の2が賛成すると憲法改正できるが、それを欠くときは、議会もしくは政府が州民投票を求めることができる。

☆対案があるときは、有効投票の過半数の賛成で成立。

★さらに、郡および特別市の過半数で、各郡・市ごとに有権者5パーセント以上の署名が必要。

表5　ドイツ各州憲法によるイニシアティブ
（州民請求・州民発案・州民投票）

［出典］前掲東京都『住民参加制度研究会報告書』

	憲法改正レファレンダム（成立要件）	法律レファレンダム	
		政府提案	議会提案
バーデン=ヴュルテンベルク	任意的レファレンダム:議員過半数の要求による（有権者1／2）	任意的：議会で否決・可決されたものを議員1／3の要求で★	
バイエルン	義務的レファレンダム：すべての改憲（投票1/2）		
ベルリン	義務的レファレンダム：88条による憲法改正		
ブレーメン	義務的：ただし、議会が全会一致で可決したときを除く（有権者1／2）		任意的：出席議員の1／2の要求で（議会の全権限事項）
ヘッセン	義務的：すべての改憲（投票の1／2）		
ノルトライン=ヴェストファーレン	任意的：議員2／3以上の賛成を欠くとき（有権者の1／2）	任意的：議会が政府提出法案を否決したとき	
ラインラント=プファルツ			義務的：議員1/3の申立による法律公布中断→有権者1/20の要求で
ザクセン	任意的：議員の1／2の要求（有権者1／2）		

C Hoof/A Kempf,aaO［表2参照］,S 18をもとに、1994年8月時点の各州憲法によって作成。「議員」とは議員定数を意味する。
法律レファレンダムにおける州民投票による法律の制定改廃が成立する（現状変更をもたらす）ための要件は、イニシアティブの際のそれと同様である。
★ただし、バーデン=ヴュルテンベルク州では、議会で可決された法律について議員総数の3分の1以上が州民投票を要求しても、議会が3分の2の多数で再議決した場合には、投票は行われない。

表6　ドイツ各州憲法によるレファレンダム

［出典］前掲東京都『住民参加制度研究会報告書』

州レベルの州民投票（国民投票）には、州民発案に基づく州民投票（イニシアティブ）と議会ないしは政府提案に基づく州民投票（レファレンダム）があるが、全体にわたってもっとも一般化しているのは法律イニシアティブ（州民立法）である。これまたややデータが古いが、東京都の報告書より取った表5は、ドイツ各州憲法によるイニシアティブ（州民請求・州民発案・州民投票）の一覧、表6はドイツ各州憲法によるレファレンダムの一覧である。

つぎに、州民投票を求める州民発案制度（イニシアティブ）を見ると、州民請求制度を定める憲法が七州に存在する。これは議会に対して、その権限に属する「政治的意思形成事項」（憲法改正・立法も含む）の審議を求める権利を州民に認めるものである。

ところで、ドイツ各州の市町村法・地方自治法では、「住民」と「市民」が使い分けられている。前者がたんなる市町村居住者を指すのに対して、後者は市町村議会議員の選挙権者を意味する。そういう意味で、投票については「市民」投票制度、参加については「住民」参加制度と使い分ける人もいる。

「具体的に我が国における住民投票制度を展望した時、ドイツはかなり参考になるのではないか」と考える稲葉馨は、あくまで間接民主主義を基本として、拘束力を市民投票に認めるドイツの制度を「議会制補完型」の「拘束的市民投票制度」と呼んでいる。

第六章　原発をめぐる国民投票

世界の国民投票のなかでもわたしが注目するのは、原発の是非を問う国民投票である。これまで行われた原発に関する国民投票は、一九七八年一一月のオーストリアに始まり、スウェーデン、スイス、イタリア、リトアニアと続いた五カ国の国民投票である。

オーストリアは旧ソ連のチェルノブイリ原発事故や米国のスリーマイル原発事故にも先立ち、一九七八年一一月の国民投票で運転開始直前の同国唯一のツベンテフドルフ原発の凍結を決定したが、チェルノブイリ原発事故直後の一九八六年五月には「何万人もの人が事故時に避難しなければならないようなエネルギー源は信用できない」として、政府は凍結原発の解体を決定した。

スウェーデンの国民投票は法的拘束力のない諮問型だが、アメリカのスリーマイル事故を受けた一九八〇年一月の国民投票で、条件付き原発容認案が原発反対・廃止案をわずかに上回り、この結果をもとに政府は二〇一〇年までに操業中の原発一二基の全廃を決め、旧ソ連のチェルノブイリ原発事故後の一九八七年には首相が議会に対して原発全廃の時間表を明示したが、その後計画の遂行が難航し二〇一〇年までの原発全廃を撤回した。

スイスは原発をめぐる国民投票が盛んで、一〇万人以上の署名を集めてつぎからつぎに国民投票が提起され、最新の民意が問われ続けてきた。一九七九年二月、原発の設置は「建設予定地及びその周辺住民の合意、安全性の保障」を条件とするという国民発議による国民投票が小差で否決された。しかし、政府は同年五月、原子力法を改正して原発建設の許可を厳しくすることを提案し、国民投票で承認された。一九八四年九月には「新たな原発建設を禁止する」「安全性や環境保護を優先する」という二つの国民発議がなされたが、これは否決された。

一九八六年の旧ソ連チェルノブイリ原発事故を受けた一九九〇年九月の国民投票は原発反対派の国民発議によるもので、「原発の新規建設の禁止、稼働中の五基の原発の早期廃止」と「今後一〇年間、新規の原発および熱供給路の許認可の禁止」、および、これに対抗する政府発議の「原発の存続、効率的なエネルギー政策の推進」が国民投票にかけられ、最初の「原発の新規建設の禁止、…」は不採用だったが、あとの二つは採用され、原発は当面必要と認めながら、その危険性を批判した。二〇〇三年

年月日	国名	投票内容	結果（%）
1978.11.5	オーストリア	原発の運転入りの賛否。	運転反対 50.5—賛成 49.5
79.2.18	スイス	原発新設の凍結。	凍結反対 51—賛成 49
5.20	スイス	原発新設の規制強化。	強化賛成 69—反対 31
80.3.23	スウェーデン	将来の原子力政策。	2010年までに廃止 39.3 早期廃止 38.5 現状維持 18.9
84.9.23	スイス	原発新設禁止。 エネルギー政策からの原子力の削除。	禁止反対 55—賛成 45 削除反対 54—賛成 46
87.11.8-9	イタリア	政府の立地決定権を定めた法律の廃止。 地元への補助金交付を定めた法律の禁止。 国際計画への参加を定めた法律の禁止。	廃止賛成 81—反対 19 廃止賛成 80—反対 20 廃止賛成 72—反対 28
90.9.23	スイス	原発新設禁止　運転中原発の早期廃止。 原発新設の10年間凍結。 エネルギー効率化政策の推進。	禁止反対 53—賛成 47 凍結賛成 55—反対 45 推進賛成 71—反対 29
2003.5.18	スイス	原発新設凍結の10年間延長など。 運転中原発の早期廃止など。	延長反対 58—賛成 42 廃止反対 66—賛成 34
2011.6.13-14	イタリア	原発建設を認める新法の廃止。	廃止賛成 94—反対 6
2012.10.14	リトアニア	原発新設の賛否。	新設反対 63—賛成 37

表７　世界で実施された原発をめぐる国民投票

の国民投票は脱原発派の国民発議によるもので、「原発の新規建設凍結を一〇年間延長」「稼働中の五基の原発を二〇一四年までに順次閉鎖」ともに僅差で否決された。しかし、二〇一一年三月の福島第一原発の事故で脱原発の気運が急速に高まり、スイス政府は稼働中の五基の原発の改修は行わず、寿命を迎える二〇三四年までに段階的に廃炉とする方針を打ち出し、議会もこれを了承した。

スイスについで国民投票の盛んなイタリアは、チェルノブリ原発事故直後の一九八七年一一月の国民投票で脱原発が圧倒的多数となり、政府は一九九〇年までに全四基の原発および燃料加工など関連施設を閉鎖した。政府は全土停電などの事故にもかかわらず、二〇〇四年に原発からの撤退をうたった「エネルギー政策再編法」を制定し、諸外国の原発に頼りながら、イタリア国内での脱原発を貫いた。

しかし、産業界などからのイタリア国内での「原発再開」の要請を背景に、ベルルスコーニ政権は一九八七年以降四半世紀にわたった「脱原発」政策を転換したため、野党や反核グループの国民発議で「原発再開法廃止」を問う国民投票が二〇一一年六月に実施され、九四％の圧勝で脱原発の勝利に終わった。実はイタリアでは投票率五〇％未満の国民投票は不成立で、二〇〇三年以降二割台の低投票率が続き、国民投票の不成立が心配されていたが、折から三月の福島第一原発事故の衝撃を受けて、投票率五四・八％に達して国民投票が成立したのである。

リトアニアは二〇一二年一〇月の国民投票で北東部のヴィサギナスに建設を予定している原発建設の是非を問うため行われた。投票の結果は三割台に止まった原発賛成票を大きく上回る六四％超の反対票の圧勝であった。リトアニアの国民投票は法的拘束力を有しない諮問型国民投票だが、政府はヴィサギナス原発計画の凍結を勧告した。

【注】

(1) 今井一編著『住民投票の総て』(「国民投票／住民投票」情報室、二〇二〇年)の第二章「条例制定に基づく住民投票の胎動」▼「「巻町」以前の動き」二「高知県窪川町 ― 日本初の住民投票条例制定」、および、今井一『住民投票』(岩波新書、二〇〇〇年)のⅡ「実践する主権者」一「巻町以前 ― 住民投票への胎動 ―」

(2) 前掲今井編『住民投票の総て』の第三章「ルポルタージュ住民投票」一、「新潟県巻町 ― 条例に基づく日本初の住民投票」、および、前掲今井『住民投票』のⅡの二「新潟県巻町 ― 原発拒否への長い通のり」投票への胎動 ―」

(3) 前掲今井編『住民投票の総て』の第三章の三「三重県海山町 ― 原発推進側の側が仕掛けた住民投票」

(4) 前掲今井編『住民投票の総て』の第一章「住民投票とは何か」▼「さまざまな住民投票(住民投票の種類)」

(5) 前掲今井編『住民投票の総て』の第一章の一「憲法95条に基づく住民投票」

(6) 前掲今井編『住民投票の総て』の第一章の二「時限立法に基づく住民投票」

(7) 前掲今井編『住民投票の総て』の第一章の三「大都市法に基づく住民投票」

(8) 前掲今井編『住民投票の総て』の第二章「条例制定に基づく住民投票の胎動」と第三章「ルポルタージュ　住民投票」

(9) 前掲今井編『住民投票の総て』の第三章「ルポルタージュ住民投票」、および、前掲今井『住民投票』のⅡ「実践する主権者」

(10) 前掲今井編『住民投票の総て』の第一章の四「条例に基づかない自主管理的な住民投票」

(11) 「国民投票／住民投票」情報室のネット記事「基調報告：七九年以降の住民投票の動きを解する」(更新：二〇〇六年一二月一五日)の「審議件数(一九七九年‐二〇二〇年八月)」

(12) 前掲今井編『住民投票の総て』の特別データ「住民投票をめぐる動き一覧」の▼「「実施必至型」の住民投票条例」

(13) 前掲今井編『住民投票の総て』の同特別データの▼「動きのデータをグラフ化」の図「すべてのテーマの住民投票条例の審議件数(一九七九年～二〇二〇年八月)」「合併問題をテーマとした住民投票条例の審議件数(一九七九年～二〇二〇年八月)」「合併問題以外をテーマとした住民投票条例の審議件数(一九七九年～二〇二〇年八月)」

(14) 前掲今井編『住民投票の総て』の同特別データの図「条例に基づき実施された住民投票のテーマ」（一九七九年－二〇二〇年八月）」

(15) 前掲今井編『住民投票の総て』の同特別データの図「都道府県別：住民に基づく住民投票実施件数（一九七九年－二〇二〇年八月）」

(16) 前掲今井編『住民投票の総て』の第五章「日本の住民投票のこれから」、および、前掲今井『住民投票』のⅢ「住民投票のこれから」二「住民投票の法制化へ」

(17) 片山善博の発言は『ガバナンス』（二〇一一年一月号）所収の「特別編　住民の意思を反映しやすい地方自治の仕組みを」より引用

(18) 慶應塾生新聞のネット記事「地方自治　道半ば」（二〇一二年一二月一九日）より

(19) 土井淑平『脱原発と脱基地のポレミーク』（綜合印刷出版発行、星雲社発売、二〇一七年）の第二章「脱基地のポレミーク」一「アメリカの世界支配と対米従属からの脱却」と二「アメリカの世界軍事戦略と沖縄普天間基地の辺野古移設」

(20) 市民科学者については、土井淑平『原子力マフィア』（編集工房朔発行、星雲社発売、二〇一一年）の第四章「市民科学者たちの仕事」を参照

(21) 東京都『住民参加制度研究会報告書』（東京都政策報道室／東京都職員研修所調査研究室、二〇〇七年）

(22) 参議院憲法調査会事務局『国民主権と半直接民主制に関する主要国の制度』（参議院憲法調査会事務局、二〇〇三年）

(23) 前掲今井編『住民投票の総て』の第五章「日本の住民投票のこれから」の「『住民投票に関する特別措置法』（試案）の解説」

(24) 森田朗／村上順編『住民投票が拓く自治 — 諸外国の制度と日本の現状』（公人社、二〇〇三年）所収の「諸外国における住民投票制度」の報告四「アメリカの住民投票制度」（牧田義輝）

(25) 前掲東京都『住民参加制度研究会報告書』の第二章「アメリカとドイツの住民参加制度」一「アメリカ合衆国にお

ける住民投票（住民立法）制度」と「資料篇」一「アメリカ合衆国における住民投票制度」

(26) 横田清編『住民投票二』（公人社、一九九七年）の第二章「住民投票をどのように行うのか ― アメリカの経験に学ぶ ―」（小室明子）

(27) 今井一『「原発」国民投票』（集英社新書、二〇一一年）の第二章「諸外国で実施された「原発」国民投票」

(28) 前掲森田／村上編『住民投票が拓く自治』所収の「諸外国における住民投票制度」の報告一「ドイツにおける市民投票制度の特色」（稲葉馨）

(29) 前掲東京都『住民参加制度研究会報告書』の第二章の二「ドイツ連邦共和国における国民・住民投票制度」と「資料篇」二「ドイツ連邦共和国における国民・住民投票制度」

第二部　デモクラシー

第一章　古代ギリシアの都市国家

住民投票は民主政それも直接民主制の申し子である。わたしは『民主主義の歴史的考察』(1)でも素描したが、ここでも直接民主制の源流をさしあたり、①古代ギリシアの都市国家②中世ヨーロッパの自由都市③中世から近代のスイス、に典型を求めて考えてみる。いずれも、集会デモクラシーあるいは直接民主政の母国である。もともと、「デモクラシー」は、ギリシア語の「デーモクラティア ― デーモス（民衆または人民）のクラトス（権力または支配）」からきた言葉である。

イギリスのギリシア古典学者R・E・ウィッチャーリーの『古代ギリシアの都市構成』(2)が推定復元している前五世紀のアテネの地図を見れば分かるように、古典時代のポリス（都市国家）は小高い丘のアクロポリスを軸に発展したが、下町の中心は人びとが政治や商売や社会的要件のために集まったアゴラであった。アゴラとアクロポリスは都市の二重の核をなしたが、

地図１　紀元前５世紀のアテネ

［出典］ウィッチャーリー、小林文次訳
『古代ギリシアの都市構成』（相模書房、1980年）

時代が移り政治上の変化に伴って、アゴラはアクロポリスをしのいで実用上、政治上の重要性を増し、都市のもっとも生き生きした独特の要素となった。

ギリシアで都市国家ポリスが形成されたのは、前八世紀と前七世紀の間であった。古代ギリシアの博物学者アリストテレスは『政治学』(3)で「二つ以上の村から出来て完成した共同体が国（都市国家ポリス — 引用者）である」と書いている。フランスの歴史学者フェルナン・ブローデルは『物質文明・経済・資本主義　一五－一八世紀』(4)で「都市とは、まことに多くの場合、農村という素材をもとにして、あらためて捏ね返したもの」ととらえ、「ギリシアの都市国家とは、一つの都市に広い田園を加えたものだった」としている。アメリカの文明史家ルイス・マンフォードも『歴史の都市　明日の都市』(5)で書いている。「階級や職業のいちじるしい断絶のない村の民主的なならわしは、集まって相談する習慣を育てた」と。

とはいえ、ギリシアのポリスは、村からの自然成長的な発展物ではなく、「村からポリス — 人々が、出生や習慣によってではなく、よりよい生活を求めて意識的に集まる場所への移行は、ギリシアにおいて、明らかに起こった」。それはいわゆる「集住」（シュノイキスモス）と呼ばれる村々の政治的統合と市民兄弟盟約を指すが、中世ヨーロッパの「誓約共同体的兄弟盟約」（コンユーラティオ）としての「コミューン（イタリアではコムーネ）」という都市共同体に相通じるものを持つ。

ところで、ギリシアのポリスは、さながらさまざまな政体のモザイクのような観を呈した。アテネにおいて頂点に達する民主政が必ずしも一般的な政体だったわけではない。そのアテネの民主政にしても、否、都市国家の立憲政治そのものからして、一夜にして達成されたものではないのだ。

そもそも、民主政（デーモクラティア）という言葉も、前五〇〇年に始まるペルシャ戦争以前には一般に知られていなかった。ヘロドトスが『歴史』[6]で、民主制・寡頭制・独裁制の三つ政体を提起したのは前四四〇年ごろである。それから数十年ないしは一世紀のちに、アリストテレスがポリスの政体をより類型化して示した。すなわち、アリストテレスはポリスの政体あるいは国制として、「王制」「貴族制」「国制」——その堕落形態として「僭主制」「寡頭制」「民主制」を挙げている[7]。反民主制論者だったアリストテレスにとって、「民主制」は「国制」の堕落形態だったのである。

民主政は前八世紀から前五世紀にかけて都市国家の長期にわたる変革と闘争の結果として、イギリスの古典学者W・C・フォレストの『ギリシア民主政治の出現』[8]のいわゆる「革命」の産物として生まれたものだった。民主政を出現させたアテネの革命に先立って、コリントスとスパルタの革命があった。

コリントスもスパルタもドーリア人の国家であったが、スパルタが早い時代から国法を獲得し、それは偉大な立法者リュクルゴスの偉業とされる。周知のように、スパルタは古代ギリシア世界で最強の重装歩兵軍を誇り、ペルシア戦争ではギリシア軍の主力であったし、ペロポネソス戦争でアテネを破ってギリシア世界の雄となった。苛酷な軍事的教育制度は「スパルタ教育」として知られている。しかし、フォレストによれば、スパルタこそ「立憲政治の観念の発明者」であり、実質的には「市民の観念の発明者」[9]であった。

リュクルゴスの立法は前七世紀の後半と推定されるが、スパルタの革命は貴族の評議会の設置、民会の設置、土地の均等配分、教育制度、共同食事制などに及ぶ。プルタークの『プルターク英雄伝』[10]は、なかでも「元老の設置」と「土地の再分配」を最も高く評価している。この土地の再分配は重装歩兵市民団の民会の創設とともに、民主政の発展に貢献するものだった。ギリシアの都市国家における民主政の発展は、重装歩兵市民団の伸長と軌を一にする出来事で、立法者ソロンやクレイステネスの改革として知られるアテネの革命で頂点に達するが、その前段にはコリントスの革命やスパルタの革命があったわけである。

前五九四年、ソロンが筆頭執政官「アルコン」に選ばれ、調停者かつ立法者となった。ソロンは「身体を抵当に取って金を貸すことを禁止して民衆を現在のみならず将来も自由であるようにし、またいろいろの法律を定め公私の負債の切り捨てを行なった」[11]。人びとはこれを「重荷おろし」と呼んだが、要するに債務奴隷の解放を意味したわけである。ソロンは国制を定め、その他の法律を発布した。ソロンの改革によって、アテネ市民は四級に分けられ、富裕市民層は騎兵として、自由な保有農民は重装歩兵として、武装を自弁できない労働者級（テーテス）は艦隊の水夫又は漕ぎ手として兵役に服した[12]。

ソロンは各部族が予選した人びとのなかから役人を抽選させた。九人のアルコンのために各部族は一〇人を予選し、そのなかから抽選した。古くはアルコンはアレオパゴス会議が適当な人物を呼び寄せ独断的に選定し、それぞれの役人に割り合てて一年間任命していたが、ソロンは「生れのよいもの」（エウパトリダイ）の政権独占を打破した。ソロンはまた各部族から一〇〇人ずつ、部族は四つなので都合四〇〇人からなる評議会（ブーレー）をつくり、エウパトリダイのアレオパゴス会議に対抗させた。評議会は民会の事務の定式化と定例の日常行政の大半の責任を負った。ソロンは立法を終えると、これを一〇〇年間変えぬよう人びとに誓わせて、一〇年の間アテネを旅立った[13]。

ところで、アテネの国制は、部族を改革し区（デモス）と呼ばれる自治体を制定した前五〇八年のクレイステネスの改革で民主政となった。アテネの民主政はアレオパゴス会議のさまざまな権限を奪った前四六一年のエピアルテスの改革で最終的形態を確立したといわれる。

アテネの民主政は、前五〇八年のクレイステネスの改革から、前四一一年の四〇〇人政権や前四〇四年の三〇人政権の短期の右翼寡頭派政権の恐怖政治をはさみ、フィリッポスに滅ぼされるまでの一八〇年間つまり二世紀近く存続した。前四一一年と前四〇四年の右翼クーデターにはスパルタがからみ、ソクラテスやプラトンが背後の人物と目されていた。

クレイステネスはアテネの四部族を解体して、新しく一〇部族を制定した。その基礎単位は区（デモス）と呼ばれる自治体で、このデモスを基礎にして全アッティカを三〇のトリッテュエス（三分の一の意味）に分け、そのトリッテュエスを一〇は「市部」、一〇は「海岸」、残りの一〇を「内地」、の三群に分けた。そのうえで、各群から抽選で一トリュ

写真１　アテネのパルテノン神殿

［写真提供］共同通信社

テュエスずつ選び、合計三トリュテュエスで一部族（フュレ）を構成した。つまり、各部族は市部・海岸・内陸のどの地域も含むようになっていた[14]。

古代ギリシア・マケドニア史研究者の澤田典子が『アテネ民主政』[15]で「世界史上稀に見る徹底した直接民主政」と呼んだアテネ民主政は、①民会②五〇〇人評議会③民衆法廷を中核的機関としていた。アテネの劇場を「司法制度の頂点」としてとらえる『プラトンと資本主義』[16]の著者である西洋思想史・政治経済史家の関曠野なら、アテネ民主政の不可欠の環に「劇場という存在」を加えるだろう。というのも、「前五世紀をとおして、演劇の機能は拡大し続けて政治生活の中心的な媒体となり、最終的には劇場権力の威信は法廷と民会を凌駕するに到った」からである。

民会はアテネの最高議決機関で、アクロポリスの西側にあるプニュクスの丘に、平等な参政権をもつ成年男子市民が集まり、都市国家ポリスにかかわるあらゆる案件を審議して多数決で決定した。民会は少なくとも年四〇回開かれ、重要な案件の決定のさいには定足数が六〇〇〇人だったとされる。民会の審議事項をあらかじめ先議したのが、三〇歳以上の市民から一年任期で抽選で選出された五〇〇人の評議員による評議会（ブーレー）で、評議会は祭日を除いて毎日、アゴラにある評議会議事堂（プリュタイネイオン）で開かれた。

アテネの司法権は一般市民による民衆法廷に委ねられた。抽選で選出された三〇歳以上の市民六〇〇〇人が陪審員または審判人として登録され、そのなかから裁判の性格や規模に応じて二〇一人や五〇一人といった所定数の陪審員が選ばれて個々の法廷を構成した。

アリストテレスが書いているように、選挙は「民主制的」ではなく「貴族制的」と見られていたのである[17]。軍事や財政など専門的な能力を必要とするごく少数の役職が民会での挙手によって選出されたのを除き、ほとんどすべての役職が抽選で選ばれたのは、特定の個人に権力が集中するのを避けて、数多くの市民が直接政治にかかわることを目指した、直接民主政の理念のゆえであった。

しかし、膨大な数の女性や奴隷や在留外人は都市国家の政治から締め出されていた。このことをもって、古代ギリシアの都市国家の民主政の価値を割り引くことはできても、それを否定し去ることはできないだろう。この世に歴史的な限界を持たないものはひとつとしてないからだ。

ところで、デモクラシーはアテネの独占物ではなかったし、自己統治のための集会というデモクラティックな慣行もギリシア人の発明ではなかった。オーストラリア出身の政治学者ジョン・キーンの『デモクラシーの生と死』[18]によれば、地中海一帯に散在するギリシア語圏都市国家の間で、アテネ以前からデ

地図２　古代ギリシア周辺のデモクラシー諸都市

［出典］ジョン・キーン、森本醇訳『デモクラシーの生と死』上（みすず書房、2013年）の第一部「代表デモクラシー」の「東より西へ」の「対位法」の地図をもとに作成

モクラティックな集会が盛んに行われていた。同時代の人びとがデーモクラティアイつまりデモクラシー諸国とよんでいた国々は、ペロポネソス半島のテーバイ、シキュオン、アルゴス、フレイウス、マンティネイア、エリス、アンブラキア、ペロポネソス半島外のドレロス（クレタ島）、シュラクサイ（シチリア島）、キュレネ（リビア沿岸）、ヘラクレア・ポンティカ（黒海南部沿岸）などである。デモクラシー建設にはさまざまなやり方があり、集会デモクラシーは驚くほど多種多様なのである。

古代ギリシアのデモクラシーには東方のルーツがあった。ギリシア世界に集会による統治の文化を導入したのはフェニキア人で、もともとレバント地方（今日のイスラエル、レバノン、シリアが含まれる）で暮らしていたフェニキア人のルーツは、もっと東方の紀元前三〇〇〇年紀のシリア・メソポタミア世界にさかのぼる。このシリア・メソポタミアにおける古代の自己統治集会は東方たとえば今日のインド亜大陸へと拡大し、前一五〇〇年以後のある時期すなわち前期のヴェーダ時代には、集会が統治する共和政が一般的となった。一方、集会による自治の慣習は、海の民フェニキア人が支配するようになった西方の地中海沿岸にも到達し、ギリシア世界のデモクラシーを育んだのである。こうした歴史を知れば、アメリカの人類学者デヴィッド・グレーバーが民主主義はアテネで発明されたものではないし、西洋の概念でもないとする『民主主義の非西洋起源について』(19)を著わしたのも、うなづけようというものだ。

ギリシアのデモクラシー諸国家の後を継いだ中央集権国家群は主として君主政であった。デモクラシーは西暦一世紀の終わりまの古代ローマを例外として、ほぼ一〇〇〇年にわたってこの地上から姿を消したかのように言われてきたが、ジョン・キーンによれば、このドグマは「イスラムが果たした決定的貢献」を無視している。なぜなら、「人間は集会に寄り集まって互いに対等な者として自己統治をすることができるという古来からの基本原理は、イスラムのおかげで活性化され、地理的に拡大されたからである。イスラム世界は、その最初の「黄金の」四世紀の間、古代シリア・メソポタミアにルーツをもつこの地域の集会伝統を活かし続けてきたのみならず、政治的にきわめて重要なことに、「世界の諸民族を集会基盤デモクラシーの古代形態から代表制統治の世界に移行させるのに初期のイスラムが隠れた架橋の役割を果たした」のである。

ジクリト・フンケが『アラビアの遺産』(20)でいう古代ギリシアの遺産の「世界史的意味をもつ救出作業」を行なったのも、アラビアのイスラムだったことも忘れてはならない。その中核には、ギリシア人を両親にもつカイロ生れのギリシア・アラビア学者ディミトリ・グダスの『ギリシア思想とアラビア文化』(21)が詳述している初期アッバース朝のギリシア語文献のアラビア語への翻訳運動があった。

第二章　中世ヨーロッパの自由都市

古代ギリシアと違った意味でヨーロッパの直接民主制の第二の源流をなしたのは中世都市である。ヨーロッパの中世都市はアルプスを挟んで、大きく①南欧型と②北欧型に分かれ、いずれも都市ごとにきわめて多様で、とうてい一言で要約できるような単純なものではないが、中世都市の全体を貫く基調として、ドイツの社会学者、マックス・ウェーバーが『都市の類型学』(22)で「市民たちの過激な団体的結集」と呼んだ「宣誓兄弟盟約」（コンユーラティオ）の産物たる「コムーネ」または「コミューン」

なる都市共同体の性格を挙げることができる。ウェーバーは「コンユーラティオーの本来の故郷は、明らかにイタリアであった」と書いた。

ロシア生まれで革命後イタリアに移住した中世都市研究家ニコラ・オットカールの『中世の都市コムーネ』[23]によれば、ベルギー、ドイツ、イギリスのコムーネは、「経済的環境としての都市」が「法的・政治的組織としての都市」に一致した「閉ざされ区別された都市」で、まったく異なった「法的・政治的条件のなかで生き続けている社会の真っ只中における「一つの孤島」である。つまり、アルプス以北のコムーネの領域は、「本来の意味における都市だけを含むもの」であって、都市世界の経済活動に参加していない住民は「コムーネの法的・政治的組織の外」にいる。これに対して、アルプス以南のイタリアのコムーネは、「都市の特殊な経済的性格」に束縛されず、「社会的、領域的に孤立」した「区別された世界」でもなく、それは「周辺世界とのき

写真2　中世都市の面影を残すイタリアのシエーナ

［写真提供］三田直水

ずなを維持」し、その「組織化と統治の中心」となる。
イギリスの中世史家ダーニエル・ウェーリーの『イタリアの都市国家』[24]は、一一世紀末から一二世紀初めに、イタリアの諸都市が「コンスル」（頭領）の制度をもつ「コムーネ」すなわち都市共和国の時代に入ったとしている。イタリアでコンスルに関する最古の記録が残っている諸都市は、一一〇〇年以前のピサ、ビアンドゥラーテ、アスティ、ミラーノ、アレッツォ、ジェノーヴァで、続いてピストイア、クレモーナ、ルッカ、ベルガモ、ボローニァ、シエーナで一一〇〇年から一一二五年の間にコンスルを持っていたことが知られている。ピアチェンツィア、マントヴァ、モーデナウ、ヴェローナ、フィレンツェ、パルマのような大都市も、一二世紀の中ごろ以前にコンスルを持っていた。

ところで、イタリアのコムーネは、真空状態のなかで純血種として誕生し成長したわけではない。フリードリヒ＝バルバロッサがイタリア支配に乗り出して以来、皇帝と教皇の対立が激化するという歴史的状況を背景に、そのすき間を突いて台頭してきたのだ。ロンバルディア平原の都市の自治に終止符を打とうとしたバルバロッサ

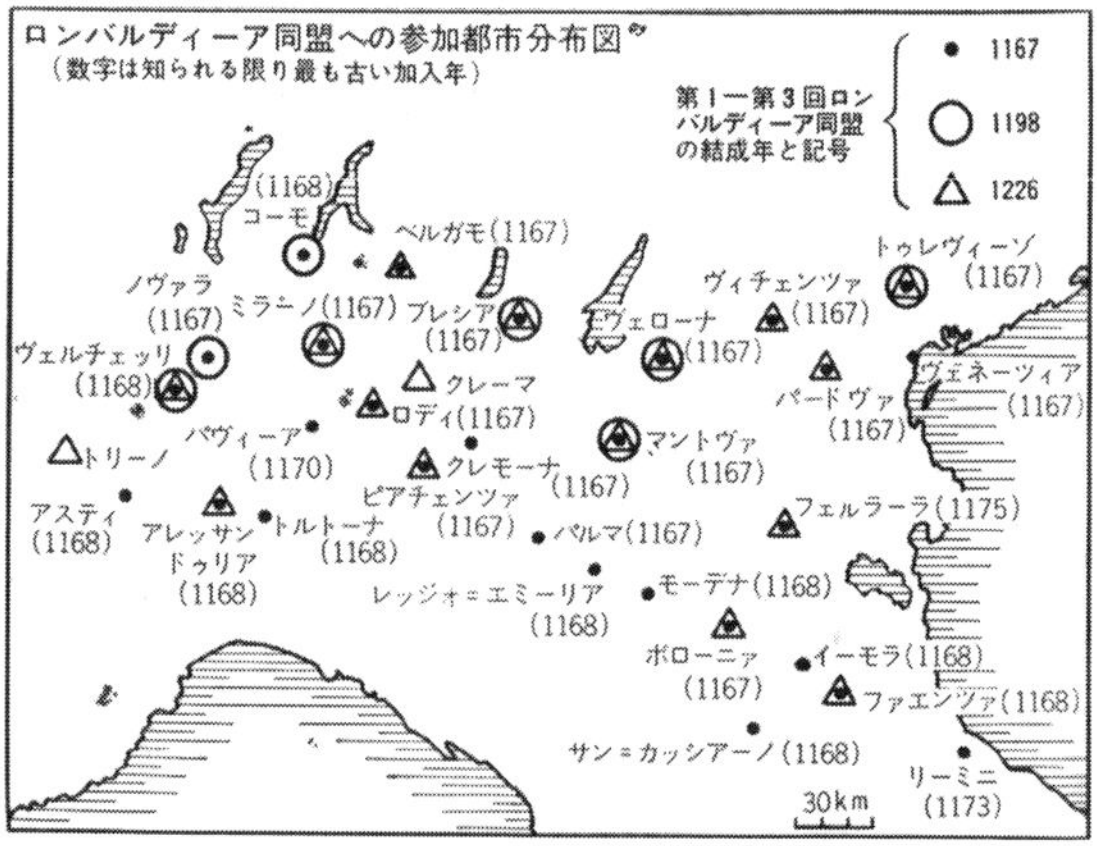

地図３　ロンバルディア都市同盟への参加都市

［出典］ダーニエル・ウェーリー、森田哲郎訳『イタリアの都市国家』（平凡社、1971年）

は「帝国再建」を掲げて一三年間、イタリアの諸都市を渡り歩き、小都市の破壊から始めて一一六二年には大軍を糾合して一気に大都市ミラーノを破壊・征服した。しかし、皇帝がイタリアを離れるや、公然たる組織だった抵抗が始まり、一一六四年にはヴェローナ都市同盟が結成される。これを前史に、ロンバルディア都市同盟は一一七四年末には三六の都市と五つの封建領主が加わって、絶頂期を迎えている。地図3は、ウェーリーの『イタリアの都市国家』に掲載されている地図から借用したロンバルディア都市同盟の参加都市の分布図を示す。

時とともに、「コムーネ」という言葉は「市民たち」または「その集会」を意味する独立の名詞となった。一二世紀末のイタリアには都市国家と呼ぶに値するコムーネが、ほぼ二〇〇から三〇〇存在していた。コンスルはコムーネから委任された一年任期の行政官だったようで、一三世紀初期までに戦争と講和並びに同盟締結の問題について、評議会の多数意見に従う誓約を負った。形成期のコムーネの特徴的な評議体は全市民の集会すなわち議会（パルラメントゥム）で、決定はこの集会の喝采による承認を要した。グアルド＝タディーノやバッサーノ、コマッキオなどの小都市では一三世紀中ごろ以降も集会が開かれていたが、大都市ではそれよりかなり以前その政治的役割は失われていた。

評議会はラテン語で「コーンスレース」、ドイツ語で参事会を意味する「ラート」に相当するが、もともとイタリアの都市に発生し、北フランス、下ライン、北欧一帯に普及したもののようだ。それは北欧に根を下ろすや、民主的な市民自治の核心と考えられ、市民集会を前提に選挙制と短期の任期制に基づく合議機関に高められていった。少なくとも一一六四年には早くもピサのコンスルたちは、「元老たちと二四人の小評議会」と日常の業務をやっていた。その二四人は市の各区から六人ずつ出る者によって構成されていた。まもなく多くの都市で「大評議会」と「小評議会」からなる評議会的構成を発達させた。四〇〇人の構成がごく普通の場合だったが、評議会の構成はまちまちだった。

一三世紀の初めまでにイタリアのコムーネのコンスル制は外部招聘のポデスタ制に移行した。一二世紀にはヴェローナ、マントヴァ、ペルガモ、ロディ、パルマ、パートヴァ、クレモーナ、ミラーノ、ピアチェンツァ、ジェノーヴァがポデスタ制を取り入れ、一三世紀の最初の一〇年代までにポデスタは通例的存在となった。ポデスタの職の発展は地元勢力の競い合いを超越したアウトサイダーが必要とされたという事情も都市側にあったが、神聖ローマ皇帝のフリードリヒ＝バルバロッサが帝国経営のため、台頭してきたロンバルディアなどの都市勢力をコンスルとりわけポデスタの任命権を通して掌握しようとしたという事情があった。

ポデスタの権力は一三世紀後半に「ポポロ」（町人）が台頭するにつれて衰えた。マックス・ウェーバーによれば、諸門閥に対抗して諸々の職業団体の兄弟盟約に基礎を置いたポポロの団体は、一二世紀末から一三世紀にかけてミラーノ、ルッカ、ロディ、パヴィア、シエーナ，ヴェローナ、ボローニアで現れた。イタリアのポポロは、「単なる経済的概念ではなく、一つの政治的概念」で、それは「コムーネ内部の一つの政治的な特殊ゲマインデであり、それ自身の官吏と、それ自身の財政と、それ自身の軍事組織とを備えていた。それは、語の本来の意味における国家内の国家であり、最初の・完全に意識的に非正当的で革命的な政治団体であった」「ポポロの諸成果は、激しい・しばしば流血を伴った・永続的な闘争によって、初めてかちとられたものであった」(25)。

一方、アルプス以北のコミューンでもっとも古いのは一〇七七年のカンブレーのコミューンで、ベルギーの歴史家アンリ・ピレンヌによれば、カンブレーの影響で一一世紀末から一二世紀初めにかけてサン・カンタン、ボーヴェ、ノワヨン、ランなどフランス北部の大部分の都市でコミューンが設立された。ドイツのリエージュ、ケルン、ヴォルムス、シュパイヤ、マインツ、ボヴェー、ラン、トゥルネのような中世都市も、カンブレー同様、暴動の所産だが、ピレンヌに言わせると、暴力は必ずしも不可欠なものではなく、ガン、ブリュージェ、イブル、サン・トメール、リール、ドゥエなどフランドルの諸都市では、一一世紀の前半に民衆を指導したのはギルドあるいはハンザと呼ばれるコミューン団体に団結していた商人であった。ギルドが都市自治の先導者だったようで、各都市でコミューンの行政官の諸機能を果たしていた。

一二世紀が経過する間に西ヨーロッパのさまざまな地方で、「都市法」なるものが発達した。都市法は人格の隷属と土地の隷属を廃止したばかりか、商工業活動の桎梏となっていた領主的諸権利と在庫的諸賦課租をも消滅せしめた。なによりも厳格な懲罰をもって治安の維持がはかられ、都市の平和が守られた。社会経済史家の増田四郎の『地域の思想』(26)によれば、「都市法」とは、「市場広場に一定の資格をもつ全市民があつまってその市民集会において、自由と平等の原則のもとに、相互に誓約された全市民の「申し合わせ」」なのである。事実、多くは増補を行う手続きが取られたが、つまり「市民」というものは、「その誓約に参加することによって、きびしい法規範のもとに立つれっきとした都市の一員となり、その限りで市民としての権利をもち、また義務を負うことになる」。「都市の空気は自由にする」との有名な諺も、毎年とりおこなわれる誓約団の手続きと深い関連があったようである。

多種多様な出身の人間が集まる都市では、故郷を捨てた者、放浪者、冒険者が溢れ、厳格な懲罰をもって治安の維持がはかられる。都市の門をくぐる者は、貴族たると、自由民たると、市民たるとを問わず、すべて等しく都市の平和に服する。都市の平和は、農村のそれよりも厳格かつ冷酷であって、容赦なく体刑、すなわち、絞首刑、斬首刑、去勢、四肢の切断を課する。アンリ・ピレンヌは「都市の平和」を「永続的戒厳令」(27)になぞらえているほどだ。この平和のおかげで、都市は他と区別された法域ないしは法共同体を形成する。

他方では、平和は都市を一つのコミューンにするうえで貢献した。というのは、平和は都市住民全体の共同誓約「コンユーラティオー」を前提とするからだ。コミューンは都市の評議会「コーンスレース」または参事会「ラート」によって統治された。参事会のメンバーはコミューンの代表委員であるが、コミューンはかれらに権力を譲り渡してしまうわけではない。というのは、惨事会のメンバーはきわめて短い期間を任期として任命され、かれらに委任された権力を横奪することはできないからである。

アンリ・ピレンヌは『中世都市』(28)でコミューンに寄せて書いている。「コミューンは、そのメンバーの各々に、身体と財産と安全の保障を与え…コミューンの中でのみ、彼は保護の下にあり、従って彼はコミューンに対しては愛情にも等しい感情を抱く。彼は、常にコミューンを飾り、近隣のコミューンよりも美しくする心構えでいるのと同じように、コミューンの防衛には、一身を投げ出す覚悟でいる」「中世の都市は、一一世紀に入って現れてくるところでは、防御施設のある囲いの保護の下に、商工業によって生活を営み、都市を特権的な集団的人格とするところの特別の法、行政、裁判を享受する、コミューンである」と。

ドイツの法制史家ハンス・プラーニッツは『中世ドイツの自治都市』(29)で、カンブレーやケルンを一一世紀にライン川・セーヌ川間のニーダーフランケンの全領域を席捲した「偉大なコミューン運動の典型的な所産」と呼び、マックス・ウェーバー同様、ドイツ中世都市を誓約共同体として把握する。「誓約共同体は一二世紀の間に、古い類型の約二五〇の都市において多かれ少なかれ偉大な成果を伴って貫徹された。この誓約共同体は誓約兄弟の間に平和秩序を樹立し、その完遂を兄弟達の和解裁判所が監視した。誓約共同体は全市民を、相互援助と共同体に対する誠実に結びつけた。都市の築城と防衛に際して協力すべき全市民の義務は、都市に軍事高権と租税徴収権を与えた。そのようにして成立した都市共同体は、権利能力および行為能力ある人格としてその本拠を市庁舎「市民会館」の中に有し、固有の証書を作成し、固有の都市印章を用いた。都市共同体はその市民に制約義務を課し、新市民の受け入れについて決定した。その代りに都市共同体は市民を擁護し、彼らの自由の承認のために配慮をなした」。

都市の諸課題を遂行する権限は共同体集会の手中にあった。最初は誓約共同体的伝統を存族させ、まもなく新しい形態へと導く参事会制度が一三世紀に浸透していく。増田四郎はピレンヌやプラーニッツをはじめ数多くの資料を踏まえて、ヨーロッパの中世都市の自治組織は市参事会制の成立によって一応完成するとしたうえで、こう結論する。「この自治機関の整備を根幹に、出来得る限り都市領主の干渉を排し、自治的共同体としての法的地位をかち得たものがコミューンである。したがって、市参事会制の成立とコミューンの結成とは、時代的には全く相互に絡み合った現象であるといわなければならない」(30)。

ロシアの革命家でアナキストのピョートル・クロポトキンは演説の草稿『国家・その歴史的役割』(31)で、ロンバルディア都市同盟やトスカナ同盟やライン地方同盟からウェストファリア、ボヘミヤ、セルビア、ポーランド、ロシアの都市連合や商業的なハンザ同盟まで、一二世紀にヨーロッパ全土を覆っていた自由合意の連合による同盟に着目し、「人類が中世ヨーロッパにおいて、体験した生活よりも幸福な生活は、あとにもさきにも存在しない」「同じく自由都市であった古代ギリシアの全盛時代を除いて、人類はいまだにこのような進歩をとげたことはなかった」とまで言い切り、「自由に作られた人類の大集団」の「生きた証拠」を今日のスイスに見出している。ドイツの中世史家エーディト・エネンも『ヨーロッパの中世都市』[32]で、イタリアの都市共和国に完全に肩を並べることのできる都市共和国は近代のスイス連邦だけだ、と共通した見方を示している。

フェルナン・ブローデルのいわゆる「西ヨーロッパにおける奇蹟」[33]として一一世紀以降に再生した中世都市は、かなりの長期にわたって独立と自由を享受し、当時の領域国家に付け入る隙を与えなかったが、やがて官僚制と常備軍によって武装した近代国家という新手の強力な敵手によって没落の憂き目に会う。

しかし、中世都市の精神が、一七八九年のフランス革命や一八七一年のパリ・コミューンをはじめ、近代の市民革命におけるコミューンや評議会においてよみがえったことを忘れてはならない。ハンナ・アレントは『革命について』[34]で、パリ・コミューンの公式発表の一つから「一八七一年三月一八日に勝利したのは、十二世紀以来追求され、道徳、法、科学によって確認されてきたこのコミューンの理念である」を抜き出し、「問題の核心は、おそらく中世の都市を除いては、どれ一つとして、革命の過程で自然発生的に自らを評議会に組織した人びとの精神に、いくらかでも影響を与えたものはなかったということである」と書いている。

第三章　中世から近代のスイスの直接民主制と半直接民主制

明治政府は一八七一年（明治四）一一月から一八七三年（明治六）九月にかけて、米欧に岩倉使節団を派遣したさい、大国だけでなく小国をも視察の対象として、その見聞を『特命全権大使米欧回覧実記』(35)に記している。岩倉使節団の留学生として、フランスでルソーをはじめかの地の哲学や史学を学んで帰国し、のちに自由民権運動の論陣を張った中江兆民は、明治政府の富国強兵策を批判し平和外交策を提唱するが、この平和外交策は小国主義にも関係した。当時、英仏のようなヨーロッパの大国の行き方と引き換えに、兆民が注目した小国はスイス、ベルギー、オランダの三国である。

その兆民の影響を受けて、のちに社会主義者となる幸徳秋水が、日本における最初の直接民主政の提唱者として、スイスなどで行われているイニシアティブやレファレンダムの直接立法について論じ、キリスト教社会主義者の安倍磯雄が当時の論説でスイスを「地上之理想国」と呼び、日露戦争に反対する非戦演説会で「世界の平和境スイス」を引き合いに出して反戦を訴えたのは、ともに画期的出来事と言える。

スイスは直接民主政の長い歴史を持つのみならず、連邦主義の実践と永世中立の思想においても世界に冠たる存在である。各邦が独立国として主権を保持して連邦を組み、イニシアティブ（発案権）とレファレンダム（住民投票）による政治参加を国民に保障するスイスの行き方は、その徹底した分権の在り方ともども、明治以来の中央集権的国家体制の分権的脱構築と参加民主政の導入を課題とする日本の貴重な先例であり教材である。

それゆえ、世界の小国のなかでも、生ける模範または見本とし参考にすべきはスイスである。スイスの市町村、各邦、連邦国家はいずれも、直接民主政に準ずる「半」直接民主政の制度としてイニシアティブとレファレンダムを導入している。むろん、スイスにも代表制の議会や政党は存在している。しかし、市民にとって重要な問題は議会まかせにせず、市民のイニシアティブ（発案権）に基づいて提案でき、政府や議会の決めたことに異議を唱えてその是非をレファレンダム（住民投票）にかけたりする。

スイス学者・森田安一の『スイス』(36)によりながら、スイスの歴史をざっとたどると、スイスの建国は、新聖ローマ帝国支配下のスイス地域で、一三世紀初頭から急速に勢力を伸ばしたハプスブルク家の支配に対するスイス中部の森林諸法の抵抗に起源を持つ。このハプスブルク家の支配に対する抵抗運動を象徴するのがウィリアム・テル（ヴィルフィルム・テル）の伝説で、一九世紀にシラーの手で戯曲化され、ロッシーニがオペラにして上演し人口に膾炙するようになった。

まず、ウーリ続いてシュヴィーツの住民が、アルプスの峠への道を直接掌握したい神聖ローマ皇帝フリードリヒ二世から「自由特許状」をもらって「帝国自由」の立場を認められ、皇帝による裁判集会の司掌、帝国税の徴収、緊急時の兵員召集と引き換えに、「自由と自治」を獲得した。一二九一年八月一日ウーリとシュヴィーツに隣接するニートヴァルテンを加えて、この原初三邦で相互援助を約束した「永久同盟」を締結した。八月一日は現在でもスイスの建国記念日となっている。

その後、原初三邦は一三一五年のモルガルテンの戦いでハプスブルク軍を破り、スイス盟約者団（誓約者同盟）は構成メンバーと領域を次第に拡大していく。すなわち、一四世紀前半から中頃にかけて、ルツェルン、チューリヒ、グラールス、ツーク、ベルンが同盟に加わって、いわゆる「八邦同盟」が成立する。その一世紀以上のち、フリブール、ゾロトゥルン、バーゼル、シャフハウゼン、アペンツェルの参加で、「一三邦同盟」となって一八世紀末まで存続する。地図4は森田安一の『スイス』に載っている一三同盟時代のスイスの略図である。

スイス盟約者団を構成する各邦の政体はまちまちで、ウーリやシュヴィーツなど農村諸邦では全邦住民大会（ランズゲマインデ）による直接民主政が行われたが、都市諸邦のうちバーゼル、チューリヒ、シャフハウゼン、ザンクト・ガレンでは手工業者のギルドを基盤とする市参事会制（代議制）が、他方、ベルン、ジュネーブ、ルツェルン、ゾロトゥルン、フリブールでは都市在住貴族による門閥的自治が一般的であった。

スイス盟約者団には統一政府や中央官庁のようなものはなく、共同の機関として各邦二名の代表による「盟約者団

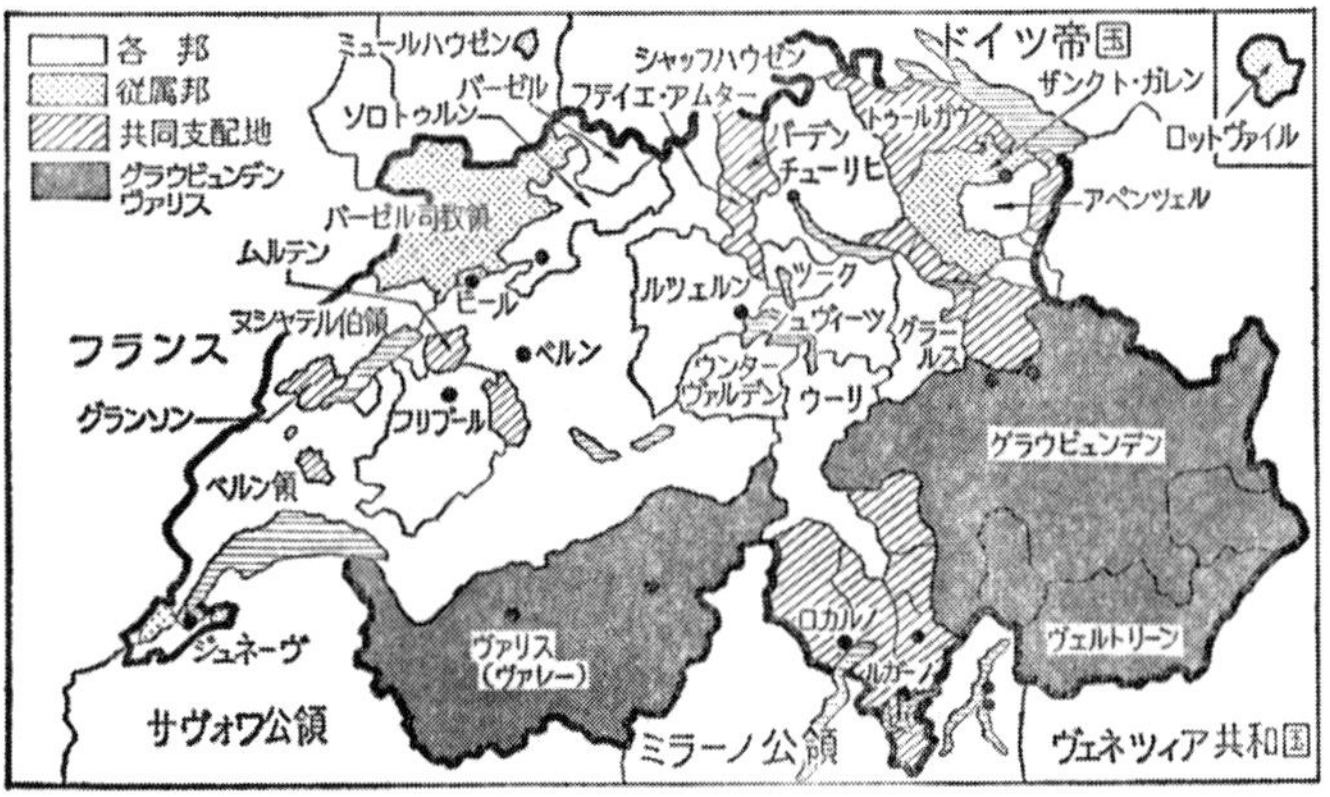

地図４　一三邦同盟時代のスイス

［出典］森田安一『スイス』（三補版）（刀水書房、1980年）

会議」（同盟会議）を開催して外交や内政にかかわる重要問題を討議した。それは一種の外交使節会議で、議決は各邦政府から命令的委任を受けた各邦代表の全会一致でなされ、一六世紀の初頭から同盟関係と宣戦布告に多数決が導入された。会議の開催地や時期についての規定もなく、議長役は開催地の邦の代表が務めたが、やがてチューリヒが議長役の担当となり、開催地は共同支配地の中心都市で温泉保養地のバーデンに固定した。

スイスは宗教改革の震源地の一つで、一五二一年からチューリヒでツヴィングリが、一五三六年からジュネーブでフランス人亡命者のジャン・カルヴァンが宗教改革を始めた。カルヴァン派はツヴィングリ派と統一戦線を組み、その教義と活動は都市商工業者を中心に、スイスにとどまらずネーデルラント、フランス、イギリスなどヨーロッパ各地に波及した。フランスでユグノー、イギリスでピューリタンと呼ばれたカルヴァン派のプロテスタントの登場は、近代の自由主義の思想的源流として、イギリスやアメリカの市民革命の前史をなすものでもあった。

ところで、ツヴィングリがチューリヒで始めた宗教改革が都市諸邦の市民層に急速に浸透するにつれて、改革派の都市諸邦とカトリック派の農村諸邦の対立が表面化し、ついに両派の内線へと至った。その結果、一五二九年の第一次カッペル戦争ではプロテスタント派が勝ったが、一五三一年の第二次カッペル戦争はカトリック派の勝利に帰し、これ以後、両派の勢力はほぼ固定した。プロテスタント派はチューリヒ、ベルン、バーゼル、シャフハウゼン、カトリック派はウーリ、シュヴィーツ、ウンターヴァルデン、ルツェルン、ツーク、フリブール、ソルール、という構図が一九世紀まで続くことになる。

宗教改革はスイスに内戦の危機という試練を伴いつつ、プロテスタンティズムとその政治的な派生物ともいえる自由主義の新風をもたらした。それはフランス革命の影響というかたちで現れたが、フランス革命の影響は両義的で、一方で個人主義に立脚した自由と平等の革命理念により各邦内部の門閥支配の打破と従属邦や支配地の解放に貢献するとともに、他方でフランス仕込みの中央集権的な単一国家制度により中世以来五〇〇年の歴史を持つ多様な主権国家の連邦主義を一掃しようとした。

すなわち、フランス軍は一七九八年、スイスに侵攻して盟約者団を崩壊させ、フランス革命に共鳴したバーゼルの政治家ペーター・オクスを利用して、ナポレオンの傀儡政権たる「単一で不可分」の「ヘルヴェティア共和国」を樹立したが、この新制度を支持する中央集権主義者と旧制度を擁護する連邦主義者の対立と闘争で無政府状態に陥ってしまった。この混乱を収拾したのが一八〇三年のナポレオンの「調停条約」で、革命以前は従属邦だったザンクト・ガレン、アールガウ、トゥールガウ、ティチーノ、ヴォー、グラウビュンデンの六邦を新たに加えて、一九邦による小国家の連合体という連邦主義の旧制度に戻った。

そのナポレオンも大陸戦争で敗れ、スイスは一八一四年のウィーン会議で、フランスの保護国的な状態からの独立と永世中立の国際法上の承認を得るとともに、フランスの直接支配下に置かれていたかつての同盟従属地域のジュネーブ、ヴァレー、ヌシャテルの三邦を新たに迎えて、二二邦の連合体として再出発した。スイスの政体が旧状に復したという意味で、いわゆる「復古時代」の到来である。

しかし、宗教改革以来のプロテスタント自由主義派とカトリック保守派、ひいてはまた、フランス革命以来の中央集権国家主義とそれに先行する伝統的な分権的連邦主義の対立と抗争は収まらず、一八四七年にはカトリック七邦の「分離同盟」派とこれの解散を要求するプロテスタントを中心とした他の邦との間で「分離同盟戦争」と呼ばれる内戦が勃発し、プロテスタント自由主義急進派が勝利した。この急進派の勝利は翌一八四八年のヨーロッパの一連の革命の先駆けとなるとともに、一八四八年憲法と連邦国家をスイスにもたらした。とはいえ、一八四八年憲法も連邦国家も、中央集権の統一国家を求めた自由主義急進派の政治的独占物ではなく、保守派たる伝統的連邦主義者の寄与も無視できない。

一八四八年憲法と連邦国家は、宗教改革以来のプロテスタント自由主義派とカトリック保守派、ひいてはまた、フランス革命以来の中央集権国家主義とそれに先行するスイス盟約者団の分権的連邦主義の対立と抗争を経て、ついに見出されたデリケートな均衡と妥協の産物であった。しかも、この集権的国家主義と分権的連邦主義の巧みな総合は、当時のヨーロッパにおける資本主義と国民国家の台頭という地政学的状況から、スイス人が迫まられた歴史的な選択と決断でもあったのだ。

のちのイタリア王国の統一（一八六一年）やプロイセンの台頭と普仏戦争後のドイツ第二帝国の成立（一八七一年）といった、ヨーロッパの相次ぐ強力な国民国家の誕生を振り返るとき、スイスがいち早く一八四八年憲法で連邦国家として国民国家を立ち上げたことの先駆的意義を理解できる。というのも、ヨーロッパにおける資本主義経済の発展や分離独立戦争後の列強の干渉など、それまでのゆるやかな小国家の連合体のままでは、経済的にも政治的にも乗り切れない状況にスイス人が直面しつつあったからである。

一八四八年憲法はベルン邦から分離・独立したジュラ邦を二三番目の邦として迎え、その冒頭で「主権を有する二三の邦の … 各国民は、一体となってスイス連邦を形成する」（第一条）と謳っている。森田安一が書いている通り、「スイス連邦の主体はあくまでもカントンであり、連邦は二次的形成体である」[37]。「軍隊は連邦に、文化はカントンに」「カントンが統治し、連邦が行政をする」といわれる実態がここにある。

渡辺久丸の『現代スイス憲法の研究』[38]によれば、連邦国家における邦の位置付けをめぐって、スイスの公法学者の間でも意見が分かれ、歴史をより重視して確認的にとらえる多数説と法律的に形成的に憲法を解釈する少数説とが対立しているようだが、前者を代表するP・サラディンはこう述べている。「スイスの連邦国家性は、『上から』命じられ、遂行され、あとからなされた地方分権の結果などではない。それは、むしろ、『下から』の連合、盟約によって成立した。邦は、（歴史的に）最初の国家である。それは、**連邦国家への連合の後にも、なお依然として国家である**」。

日本の政治学者、岩崎美紀子も『分権と連邦制』[39]で書いている。「長い歴史をもち主権の単位であった邦の政治的重要性は、連邦国家となった後も変わっておらず、権力非集中はいじされている。これを支えているのが、権力の集中を強く否定するスイスの国民性あるいは政治文化である」と。

スイスは長い連邦主義の帰結として、小国家の連合体の「国家連合」から「連邦国家」へと移行したが、この移行は単純に連邦国家への一方的な中央集権を意味せず、「邦は、その主権が連邦国家によって制限されない限りで主権を有し、かつ、連邦権力に委ねられないすべての権利を主権者として行使する」（第三条）との原則に基づき、各邦は連邦に委ねられない権限の主権を保持した。

小林武の『現代スイス憲法』[40]は、連邦と邦の間の権限分配をつぎのように整理している。すなわち、①立法権限・執行権限の双方とも連邦に独占的に属しているもの ― 関税・郵便・電信・電話の制度②立法権限は連邦に、執行権限は邦に属しているもの ― 民事法・刑事法の制度など、③立法権限は連邦と邦に分割的に属し、執行権限は連邦に留保されているものを除いて邦に属しているもの ― 水力利用など④立法権限は邦に、執行権限は連邦に属しているもの ― 行政争訟の裁判など⑤立法権限・執行権限の双方とも邦に独占的に属しているもの、といった具合である。

邦は連邦における意思形成に参加し協働する。この邦の共同決定権は、①邦は全邦院にその代表者を送る（通常の邦は二名、半邦は一名）②邦はイニシアティブ（発案権）とレファレンダム（住民投票）の広範な権利を行使している。まず連邦段階のレファレンダムは、邦の過半数の賛成が国民の過半数の賛成と並んで、事案の成立の要件とされる。また、イニシアティブの形式で、各邦は単独で憲法改正・法律制定などを連邦議会に要求することができる③邦は連邦立法の交付前の意見聴取手続きに参加することができる、に制度化されている。このように、スイス連邦国家の特徴は、「国家の権限が連邦憲法によって連邦と邦に分配されていること」、および、「邦が連邦の意思形成に参加すること」の二つに要約される[41]。

すなわち、スイスの連邦国家は制度的に、アメリカなどに見られる中央権力の肥大化や暴走に対する歯止めを有しているわけである。むろん、スイスにおいても、憲法制定から一世紀以上の今日までの間に、社会・経済の進展に伴う行政需要の増大の結果、中央権力としての連邦の権力がきわめて広範かつ強力なものになっていることは否定できない。長い歴史を持つ盟約者団会議に代わって、新たに連邦議会・連邦参事会・連邦裁判所が連邦国家の中核的機関として設置された。連邦議会はまぎれもない代表制ないしは代議制の間接民主主義の機関だが、憲法改正についてイニシアティブ（発案権）やレファレンダム（住民投票）のような直接民主政的な制度を導入し、いわゆる「半」直接民主政の混合形態がとられたことは見逃せない。

スイスの政治の特色は、まずゲマインデ（共同体）の自治権を基礎にカントン（邦）がつくられ、そのカントンが主権を保持したまま契約により国家連合や連合国家を形成してきたという歴史的経緯からも明らかなように、強固な地域主義と連合主義の原理に立脚しているということだ。

ウルリヒ・イム・ホーフの『スイスの歴史』(42)のいわゆる「生まれながらの自由人」にして「きわめて共和主義的な意識」の持ち主であるスイス人は、その自由と独立を何物にもまして大切と考えるがゆえに、昔から権力の集中や独占を極力排除してきたし、現在の政治の制度をみても、政治を国家の官僚や議会の代議士の専用物とせず、代表（間接）民主政の制度である代議制に並行して、直接民主政の制度を取り入れて、市民の政治参加に道を開いている。そのような制度として、文字通り直接民主政を体現したランズゲマインデ（住民集会）、および、スイスで「半」直接民主政といわれるイニシアティブ（発案権）とレファレンダム（住民投票）を挙げたい。

直接民主政に否定的で競争型エリート主義民主政の提唱者マックス・ウェーバーは『支配の社会学』(43)で、スイスの州民会（ランズゲマインデ）を「直接民主制的行政」の一例として挙げ、もう一人の競争型エリート主義民主政の提唱者ヨゼフ・シュンペーターも『資本主義・社会主義・民主主義』(44)で、民主主義の「古典的学説が十分な近似程度をもって実際の事実に適合するような社会類型」をスイスに見出している。

関根照彦の『スイス直接民主制の歩み』(45)によれば、フランス革命から九年後の一七九八年、ナポレオンがスイスにフランスの衛星国家ヘルベティア共和国を樹立する以前のアンシャン・レジームの時代、スイスには①都市カントンにおける代議政治②ランズゲマインデ型民主政治③レファレンダム型民主政治、の三つの政治制度が行われていた。

ランズゲマインデは一三世紀のウーリとシュヴィーツに始まり、一四〜一五世紀のヨーロッパのコミューン運動によってスイス中央部と近隣のアルプス地方にまで普及することとなった。一四世紀にはオプヴァルデン、ニートヴァルデン、グラールス、ツークで、さらに一五世紀初頭にはアペンツェル・インナーローデンとアペンツェル・アウサーローデンでもランズゲマインデが確認されている。その数は一八世紀の中頃で従属邦や支配地域も含めて一八に上っていたようだ。ランズゲマインデ体制下で生きた住民は、スイス全人口の七分の一強に当たるというが、ということは、ユニークとはいえスイスではどこでもランズゲマインデが行われていたわけではなく、むしろランズゲマインデが行われていたカントンは少数だったのである。

そのユニークなランズゲマインデも一八世紀末から一九世紀初頭のヘルベティア共和国の時代に、フランス仕込みの中央集権と代表民主政の導入によって一時中断されたが、その後の復古時代に誓約者団の各邦で復活した。しかし、一八三〇年のフランス七月革命以後、「新生」と呼ばれる民主的な政治改革を推進した自由主義者たちは、直接民主政のランズゲマインデには批判的で、伝統ある創始者のウーリのランズゲマインデも一九二八年に廃止され、現在なおこの直接民主政の青空集会の制度を維持しているのは、グラールスとアペンツェル・インナーローデンだけである。

直接民主政のランズゲマインデのない邦で、これに準ずる「半」直接民主政の制度として採用してきたのがイニシアティブとレファレンダムの制度である。両者は相互に関連している制度で、まず「発案権」「提案権」「直接立法」を意味するイニシアティブは、邦または連邦の規定に従って一定の有権者の署名を集めれば、憲法や法律の改正などを発議でき、それぞれ邦または連邦の住民投票または国民投票にかけられる制度である。ただし、連邦では憲法だけで、法律についてはイニシアティブが認められていない。

スイスで「半」直接民主政と呼ばれるイニシアティブとレファレンダムの制度の起源を中世以来スイスの都市邦に存在した「諮問」という制度に求める意見があるが、それは重要な政治問題について支配当局が被支配者たる住民の意見を聴取する制度で、類似した制度ではあっても、近代的な「住民投票」とはまったく異なる性格を持っていた。

一七九八年に始まるフランス革命の個人主義的・合理主義的憲法原理が一七九八年のヘルベティア共和国を経て、カントン憲法において「再生産」され、スイスにおいて議会制民主主義がほぼ固まっていっ

写真3　スイスのランズズマインデ

［出典］ロイター＝共同　スイス・グラールスのランズゲマインデ（住民集会）（撮影＝2016年5月）

た。関根照彦によれば、スイスの邦でヴィートーの制度を導入し、最初に純粋代議制に風穴を開けたのは、一八三一年のザンクト＝ガレンであった。ヴィートーはフランス革命を受けて、近代的個人主義に立脚して有権者個々人の票を算出基準とし、棄権票を賛成票とする国民投票で、通常の法律立法における国民参加を保障する制度である。この年三月、ザンクト・ガレンでは国民主権の原則やその権力の行使の仕方を邦憲法に明記することの是非を問うスイス初の邦民投票が行われ、投票率六一・五％、賛成六六・四％、反対三三・六％で可決された(46)。

ドイツ語系カトリック住民の住む高地ヴァリスとフランス語系プロテスタントの住む低地ヴァリスの長年の対立を背景に、個人主義的原理に立脚した義務的レファレンダムの制度を初めて導入したのは一八四四年ヴァリスで、それは義務的ないしは任意的法律レファレンダムとしてスイス中に広がっていく。一方、法律イニシアティブの制度を最初に導入したのは、一八四五年のヴォーである。すなわち、この年公布された邦憲法に、「イニシアティブ」で「あらゆる発案」を提起できると明記して制定したことに始まる。ヴォーの法律イニシアティブはヴァリスの義務的レファレンダム制度の導入と並んで画期的な出来事で、その後改良を加えられ、今日ではスイスのすべての邦で採用されている。

どの邦においても純粋代議制から半直接民主政への移行に当たって共通していたのは、国家の基本原理として議会制民主主義は否定されていなかったという事実であって、自由主義者や急進主義者がレファレンダムやイニシアティブの制度を議論するさい、つねに問題としたのは、「進歩の思想」との整合性であった。

一方、連邦レベルでは、一八四八年にスイス連邦が成立して定められた連邦憲法に、義務的レファレンダムが盛り込まれた。一八七四年の憲法改正で任意的レファレンダムが追加されて国民投票制度が確立し、一八九一年にはイニシアティブが導入された。

ところで、イニシアティブは発案者別に①「国民によるイニシアティブ」と②「国家機関によるイニシアティブ」に分けられるが、後者は政府や議会による発議である。発議の仕方は、邦レベルでも連邦レベルでも、「一般的提案の形式」と「完成された草案の形式」の二通りあり、前者は発案者の提案の趣旨に即して議会が作成し、後者は発案者が草案をつくって提案する。イニシアティブは議会が発案に賛成すれば、そのまま邦または連邦の国民投票にかけられるが、議会が賛成しない場合、発案の拒否を国民に呼びかけたり、議会が対抗提案をして草案と同時に国民投票にかけることが認められている。イニシアティブに必要な有権者数は、各邦ごとに規定が異なる。連邦レベルの憲法イニシアティブは一九九九年の憲法改正で一五万人となった。

つぎに、レファレンダムは「住民投票」または「国民投票」の制度で、邦と連邦のいずれのレベルでも①「義務的レファレンダム」②「任意的レファレンダム」の二種類ある。前者の義務的レファレンダムは、連邦レベルでは憲法の改正、憲法に基づかない緊急拘束的連邦決議、集団安全保障機構、超国家共同体への加盟などについて、国民投票が国民に義務づけられているもので、採択には国民投票の過半数と邦の過半数の賛成が必要である。これまでのスイスの国民投票で国連加盟やヨーロッパ統合が拒否されてきたのも、連邦の義務的レファレンダムによってである。

他方の任意的レファレンダムは、連邦レベルでは連邦の法律、国際条約、連邦決議などについて、五万人の有権者または八邦が要求したとき国民投票に付されるもので、これの採択には国民投票の過半数さえあればよく、義務的レファレンダムの場合のような邦の過半数は成立要件ではない。なお、邦のレファレンダムでは、憲法や法律だけでなく、行政や財政も住民のチェックの対象である。結局、スイスの住民投票は、義務的レファレンダム、任意的レファレンダム、さらに、イニシアティブ提起による投票の三種類あることになる。

ついでに忘れてならないのは、レファレンダムは「スイス民主政の原細胞」たるゲマインデ（共同体、市町村）のレベルでも行われているということだ。このため、大きなゲマインデの住民は、連邦、邦、市町村の三つのレベルで実施される住民投票のため、それこそ年柄年中、政治に取り組むこととなる。今日、スイス連邦は二六邦と二二二二市町村で構成されている。スイスの自治体は、ドイツ語でゲマインデ、フランス語でコミューン、イタリア語でコムーネと呼ばれるが、人口が一番多いゲマインデはチューリヒ市で約四〇万人、最小はコリッポ村の一二人である。

近年、レファレンダムにかけられた重要な問題をひろってみると、国連加盟の拒否（一九八六年）、チェルノブイリ原発事故直後の原発の新規建設の禁止（一九九〇年）、ヨーロッパ経済地域（ＥＷＲ）への加盟拒否（一九九二年）、遺伝子工学の乱用禁止（一九九二年）、平和維持活動のためのスイス軍隊の派遣の拒否（一九九四年）、ＥＵとの一括通商協定承認（二〇〇〇年）、などである。

スイス公共放送協会国際部日本語セッション編集長の上原亜紀子の「スイスの住民投票制度について」[47]によれば、地方自治において住民投票の対象となるテーマは、税金、予算、社会福祉、公教育、交通、エネルギー、インフラ、文化、国籍取得などである。二〇一八年と二〇〇二年にニートヴァルデンで問われた放射性廃棄物の埋設はいずれも否決された。原発がスイスの連邦レベルの住民投票で盛んに取り上げられてきたことは、すでに本書の第一部「住民投票」第六章「原発をめぐる国民投票」で見た通りである。欧米において、投票権は長年にわたり男性にのみ与えられてきたが、男性の国民投票で女性の参政権が認められたのは一九七一年で、欧米では遅い方であった。しかし、住民投票に関しては邦によってまちまちで、ジュネーブではすでに一九六〇年から女性に投票権があり、アペンツェル・インナーローデンはもっとも遅く一九九〇年から導入している。

スイスは一九九九年四月に新連邦憲法を採択し、二〇〇〇年一月にこれを発効させた。一八四八年憲法を全面改正した一八七四年憲法から一二六年ぶりの全面改正で、この間に連邦憲法の部分改正は一四〇回も行われたが、そのほとんどは連邦と邦の間の権限分配を内容とするものだった。小林武の「スイス新連邦憲法の誕生」(48)によれば、従来の成文・不文の憲法を追認・整序し、体系性を取り戻すことを目的として、新規事項を導入するに当たっても争いのない若干のものに限られた。

なかでも、注目すべきは、スイスの新連邦憲法がエコロジーを一つの支柱に、「エコロジー憲法」と呼ばれる憲法原理を指し示していることだ。ドイツ語圏の憲法学者である前原清隆は「スイス新憲法とエコロジー」(49)で、スイスにおけるエコロジーの憲法原理は「被造物に対する責任」「将来世代の対する責任」、さらにまた、「永続可能な発展」「自然的生活基盤の永続的保護」に明示されているという。前原は最後に、スイスを「ヨーロッパの心室」と呼んだ憲法学者のペーター・へーベルレの言葉を引用して、「ひるがえってわが国の憲法をめぐる動向とかかわって言えば、スイスという心室から送り出された新鮮な血液を、日本国憲法から現代的なメッセージを読み取る努力の糧とすることができるかどうか、問われているのは私たち自身にほかならない」と結んでいる。

第四章　直接民主政から代表民主政へ

ジョン・キーンは『デモクラシーの生と死』[50]で、直接民主政と間接民主政を「集会デモクラシー」と「代表デモクラシー」の対照としてとらえ、膨大な資料を駆使してデモクラシーの歴史を考察している。「集会デモクラシー」は集会を基盤とした民衆の自己統治を指し、「代表デモクラシー」は民衆の同意に基づく代表者による統治を意味する。

「集会デモクラシー」は、古代ギリシアのアテネの独占物ではなく、前二五〇〇年ごろの中東のシリアやメソポタミアに始まり、東は前一五〇〇年ごろインド亜大陸、西はフェニキアやギリシアを経て、初期イスラム世界を含み、ヨーロッパ西海岸の沖合のシングやアルシングの住民集会にまで拡がったとする。

一方、「代表デモクラシー」は、一二世紀のレオンとカスティーリアの貴族、聖職者、都市民の三身分の身分制議会に始まり、一三世紀の間にアラゴン、カタルーニャ、バレンシア，ナバラ、さらに、シチリアとポルトガル、イングランドとアイルランド、オーストリアとブランデンブルク、つぎの一四世紀と一五世紀の間にドイツの諸公国の大半とスコットランド、デンマーク、スウェーデン、フランス、オランダ、ポーランド、ハンガリーで発展した身分制議会を前身とする。

A・R・マイヤーズの『中世ヨーロッパの身分制議会』[51]によれば、カトリック教会圏のあらゆるところに登場していたヨーロッパ大陸の身分制議会は、ほぼ一四世紀から一五世紀が最盛期で、一七世紀から一八世紀の初めまで活動を続け、なかにはフランス革命が起きるまで活動していたものもあった。一七八九年のフランス革命以後、身分制議会は王制とともに廃止されていったが、ヨーロッパで身分制議会が最後に残ったのは国王、貴族院、庶民院で構成されるイギリスのそれであった。

ピューリタン革命やアメリカ革命、さらにはフランス革命といった近代の諸革命を経て、イギリスやアメリカやフランスの国民議会が主流となり、デモクラシーとは代表デモクラシーのことと理解されるようになった。たしかに、近代の領域国家ですべての人がすべての時間を政治にかかずらうこと、あるいはまた、領域国家の膨大な人口を一カ所に集めた集会など不可能なことは明らかである。しかし、初めから代表制がデモクラシーと理解されたわけではない。

そもそも、アテネが没落して以降、デモクラシーという言葉自体が次第に忘れられ、関心を持たれた場合でも批判と侮蔑の対象となっていったのだ。著名な政治哲学者や歴史家たち ― たとえば、当の古代ギリシアのプラトンやアリストテレス、ローマのキケロやポリュビオス、中世のトマス・アクイナス、近世から近代のマキャベリやボダンやホッブスらは、デモクラシーに好意や共感を示さなかった。キーンを読んで初めて知ったが、アテネのデモクラシーを長年の無視と批判の重圧からほとんど独力で解放したのは、一九世紀のイギリスの銀行家で自称デモクラットの文人、ジョージ・グロートだった(52)。

一八世紀のアメリカ革命の指導者の大半は、共和主義者ではあってもデモクラットではなく、デモクラシーは無知なる者の支配と見なされていた。一七九三年、アメリカの「自由の息子たち」と呼ばれる包括的組織が、ルイ一六世の公開処刑のあとアメリカに着任したフランス大使との会見の直後、自分たちの組織を「民主協会（デモクラティック・ソサエティー）」と誇らかに改名したのをきっかけに、「民主協会」や「民主－共和協会」が、アメリカ東部の沿海地域で誕生した。これはデモクラシーという言葉の意味の大いなる転換を意味した。キーンの言葉を借りれば、「一七九〇年代初期、アメリカという共和国はさなぎのようなもので、そこからやがて代表デモクラシーという蝶（および帝国というすずめばち）が出現したのだった」[53]。

トマス・ペインは『人間の権利』[54]で、「統治形態には、民主制、貴族制、君主制、それに今日議会制と呼ばれているものがあるだけである」としたうえで、「単純な民主制は、他から補助を受けずに自らを治める社会であった。こうして民主制のうえに代議制を植えつけることによって、さまざまな利害のすべてとあらゆる広さの国土とあらゆる数の人口とを包容し結合することのできる統治形態に到達する」とデモクラシーに接ぎ木された代表制を声高に擁護した。

アメリカ革命の指導者の一人、ジェイムズ・マディソンは『ザ・フェデラリスト』[55]のなかで、「少数の市民から構成されており、その全市民がみずから集合し、みずから統治する」直接民主政と「代表という制度をもつ統治構造」の共和制を比較してこう言っている。「〔直接〕民主政と共和政との間の二大相違点は、第一に、共和政においては一般市民によって選出された少数の市民の手に政治が委ねられることであり、第二に、共和政がより多数の市民と、より広大な領域とをそのもとに包含しうることである」と。直接民主政が大規模で人口超密な国家と両立し得ないとする点では、イギリスの政治思想家ジョン・ロックも同様である。

しかし、一八世紀の思想家や革命家が直接民主政の理念と完全に手を切ったわけではなかった。代表制の原理が一七八七年のフィラデルフィア憲法制制定議で議論されたとき、憲法起草の中心人物のマディソンが「デモクラシー」や「デモクラット」といった言葉を非難中傷の言葉として使用し、大多数を占める粗野な民衆による小規模統治の形態として理解していたのに対し、ベンジャミン・ラッシュが「すべての権力は人民に由来するが、彼らがそれを保持するのは選挙の日だけである。選挙がすめば、権力は人民の支配者の所有物になる」[56]というドクトリンを提起していることでも分かるが、これはルソーの言葉を彷彿とさせる。

周知のように、フランスの政治思想家ルソーは『社会契約論』[57]で、イギリスの議会主義をつぎのように批判した。「イギリスの人民は自由だと思っているが、それは大まちがいだ。彼らが自由なのは議員を選挙する間だけのことで、議員が選ばれるやいなや、イギリス人民はドレイとなり、無に帰してしまう。その自由な短い期間に、彼らが自由をどう使っているかをみれば、自由を失うのも当然である」と。

カナダの政治学者フィリップ・レズニックの『二十一世紀の民主政』[58]によれば、一七八九年後のフランスの革命家たちが、直接型人民主権の概念を、つまり短期間であったにしろ、一七九二年から一七九四年にかけての短い期間ながら、かなりの成功を収めた理念を実体化するに際して、その拠り所としたのはルソーであった。

トマス・ジェファソンは公的生活から退いたのち、

ルソー

一八一六年に始まる書簡のなかで、区画制を基礎とした直接民主政像を、つぎのように素描している。「区という基本的共和政、郡の共和政、州の共和政、連邦の共和政、これが権限の位階的段階を形成し、それぞれが法をよりどころとすることになる。……全ての人々が自らの区の共和政の、あるいは、より高次の共和政に参加し、当該年の一日の選挙だけにとどまらず、日々に諸問題の統治の参加者であると自覚している場合には、また、規模の大小を問わず、州の幾つかの評議会のひとつの成員にもなろうとしない人など州に存在しないときには、彼の権力がシーザーやボナパルトのような人物によってもぎ取られることにでもなれば、身体から精神が剥ぎ取られたかの感を覚えるものである」[59]。

ハンナ・アレントの『革命について』[60]によれば、「われわれの革命に当初あたえられた活力」は「小共和国」によるものだとするジェファーソンは「郡を区に分割すること」つまり「小共和国」の計画を持っていたことに注目し、アメリカ革命の最大の成果たるアメリカの憲法が「この国におけるあらゆる政治活動のオリジナルな源泉であった郡区と市民集会を織り込むこと」ができず、「人民にたいする人民代表の、人民的にコントロールされた支配」としての「代表制」を通して、「憲法そのものが、人民自身ではなく、人民の代表にのみ、公的空間を与えている以上、人民を昏睡と公務への無関心から救いだすことができなかった」と嘆いている。ルイス・マンフォーが、創設者たちが郡区の政治的重要性を認識せず、郡区を連邦憲法か州憲法のなかに取り入れなかったことは「革命後の政治的発展の悲劇的失策の一つ」[61]と述べたのも、この意味である。アレントのアメリカ革命論が際立ってユニークなのは、ジェファソンの「小共和国」の構想に関連して、パリ・コミューンに始まる「評議会」の驚くべき歴史的形成に着目し、その奥深い意味を開示していることだ。

一九世紀と二〇世紀における代表デモクラシーのもっとも典型的な国は疑いもなくアメリカである。アメリカの代表デモクラシーは二大政党制と表裏一体であり、二大政党制はアレグザンダー・ハミルトン対トマス・ジェファソン（ジェファソンが、もしも自分が政党と道連れで昇天するのなら、断じて天国にはいきたくない、と言ったのは有名な話だが）に象徴される連邦党と反連邦党の対立を起源とする。それは選挙運動のお祭り騒ぎや政党マシーンの出現を伴いつつ政党政治の制度化に向かったが、連邦は同時にグローバルに活動する帝国および帝国主義の任務を負った。アメリカの二大政党システムは、巨大なウォール街と軍産複合体の利害を代弁するパワー・エリートの政治システムにほかならなかった。

ひるがえって、足下の日本に目を転じると、明治政府はパリ・コミューンの跡も生々しい一八七一年（明治四）一二月から一八七三年（明治六）九月にかけて岩倉使節団を米欧に派遣したが、モデルにしたのは北欧の小国や英米流の自由主義の国々ではなく、プロシャを中心としたドイツ帝国であった。明治の自由民権運動のなかで板垣退助らは一八七四年（明治七）に民選議員設立建白書を提出するなど、民権諸派は明治政府の専制政治に対抗した。一八八九年（明治二二）に中江兆民が「通読一ぺん、ただ

ジェファソン

苦笑するのみ」の言葉を吐きかけた大日本帝国憲法が発布され、この憲法に基づいて民選の衆議院と華族・勅任などで組織された貴族院の議員が選挙されて、翌一八九〇年に帝国議会が開かれた。明治以来、日本は富国強兵策をとって大国主義と軍国路線を突っ走り、日清・日露戦争をはじめアジアへの干渉と侵略の打ち続く戦争の果て、太平洋戦争でアメリカに敗北し破局を経験する。太平洋戦争後の日本はひたすらアメリカに追随し、自民党一党支配と高度経済成長のもとで万事アメリカナイズされていく。

第五章　代表民主政と市民革命

マルクスは一八七一年のパリ・コミューンに衝撃を受け、インターナショナル総務委員会の宣言文書『フランスにおける内乱』(62)を執筆し、そのなかで「支配階級のどの成員が議会で人民のにせ代表となるべきか、三年ないし六年に一度決める」と議会主義を批判した。レーニンもロシア革命最中の『国家と革命』(63)で、マルクスの言葉を引用しつつ、「支配階級のどの成員が議会で人民を抑圧し、踏みにじるべきかを数年に一度決定すること」を「議会主義的立憲君主制」だけでなく「もっとも民主主義的な共和制」においても「ブルジョア議会制度の真の本質」とした。いずれも、ルソーを受けた代表民主政に対する痛烈な批判である。

しかし、プラトンの哲人王の現代的形態と言うべき、マルクス＝レーニン流の共産党独裁政権の歴史と現実を見れば明らかなごとく、痛烈な批判すなわち痛烈な皮肉である。

図1は、ミラノのベルタレリ印刷物収集館に所蔵されている一八七一年のパリ・コミューンにおけるコミューン軍によるチュイルリー宮の焼き討ちの図で、平凡社の『世界大百科事典』28に掲載されている。明治政府が岩倉使節団を米欧に派遣したさい、フランスは一八七一年のパリ・コミューンが崩壊して一年半の時期に当たり、凱旋門の砲弾跡を修復中といった生々しい状況下にあったが、使節団の報告書『特命全権大使米欧回覧実記』はコミューンの闘士を「暴徒」「賊徒」呼ばわりして、共和国への反感を露骨に示している。

わたしが『アメリカ新大陸の略奪と近代資本主義の誕生』(64)や『民主主義の歴史的考察』(65)で指摘したように、マルクスがパリ・コミューンを論じた『フランスにおける内乱』は、一八四八年のエンゲルスとの共著『共産

図1　1871年のパリ・コミューン

［出典］『世界大百科事典』28（平凡社、1988年）ミラノのベルタレリ印刷物収集館に所蔵されている1871年のパリ・コミューンにおけるコミューン軍によるチュイルリー宮の焼き討ちの図

党宣言』[66]以来、半世紀にわたって繰り返されてきた「プロレタリアート独裁」の中央集権的国家の構想と矛盾することは疑う余地がなく、エンゲルスは一八七二年のインターナショナル・ハーグ大会で「あれはもう古びた文書だ。自分たち自身によって放棄された理論だ」[67]とあわてて弁解し、『共産党宣言』の一八七二年ドイツ語版序文で時代遅れの部分に修正を施さざるを得なかった。

ダニエル・ゲランの『現代アナキズムの論理』[68]によれば、インターナショナルでマルクスの中央集権主義ないしは権威主義的傾向と激しく闘っていたアナキストのバクーニンは、パリ・コミューンに寄せて「その効果はいたるところに及び、すさまじいもので、この蜂起によって自分らの思想の一切が打破されたマルクス主義者たち自身が、その蜂起の前に頭をさげなければならなかったほどであった」と書き、バクーニンのジュラの弟子ジャム・ギイヨムも「連合主義者の思想に加担するために、マルクスが自分自身の綱領を放棄するらしく思われる驚くべき宣言がここにある」とマルクスを批評した。オーストリア出身のユダヤ系宗教哲学者・社会学者マルティン・ブーバーが「もう一つの社会主義の可能性」について論じた『ユートピアへの途』[69]で指摘したように、『フランスにおける内乱』に「コミューンおよび協同組合の連合主義」が見出されることは否定できず、その連合すべき協同組合とは、「まさしくフランス「ユートピア」社会主義の影響

プルードン

の下に建設されたかの協同組合なのである。― このことは、マルクスが描いたコミューンの政治的連合主義がプルードンの影響の下に形成されたことと軌を一にする」。

のちに、マルクス主義の「背教者」と言われたエドゥアルト・ベルンシュタインも、「その政治的内容から見れば、すべての政治的特徴においてプルードンの連邦主義に酷似したものを示している」(70)と書いたが、この「背教者」の言葉にいたく刺激されたレーニンは、「マルクスは中央主権主義者である。…マルクスの議論のなかには、中央集権主義からの何らの逸脱もない」と開き直った(71)。事実、マルクスが「プロレタリアートの独裁」という従来の見地に先祖返りして、「労働者は国家権力の手中に強力をもっと断固として集中するようにつとめなければならない。共同体の自由とか自治などにかんする民主主義的おしゃべりにまどわされてはならない」(72)と断じたのは、『フランスにおける内乱』の発表からわずか二年後のことである。

レーニンの「労働者代表ソヴィエトは、ただ一つ可能な革命政府の形態」で「全国家権力を労働者代表ソヴィエトにうつす」べきだという「四月テーゼ」が、一九一七年のロシア革命を歴史の舞台に押し出した事実は否定できないが、「すべての権力をソヴィエトへ」のレーニンのスローガンが「ソヴィエトを通してすべての権力を党へ」を意味

マルクス

するにすぎなかったことは、マルティン・ブーバーの指摘[73]を待つまでもない。レーニンはソヴィエトを「革命目的」のための「手段」とみなしていたのである。

レーニンの『国家と革命』によれば、その「革命」なるものは、マルクス主義者に「指導・教育」された「前衛党」を不可欠とする。「マルクス主義は、労働者党を教育することによって、プロレタリアートの前衛 ― 権力を掌握して、全人民を社会主義にみちびき、新しい秩序を指導し組織する能力をもち、またブルジョアジーぬきで、ブルジョアジーに反対して、自己の社会生活を建設する事業で、すべての勤労被搾取者の教師となり、指導者となり、首領となる能力をもつ前衛 ― を教育する」[74]。

前衛党（のちに、ソ連に右へ習へで各国で「共産党」と名乗るようになった）が指導する「プロレタリアートの独裁」による中央集権的国家の構想は、むろんレーニンの独創ではなく、『共産党宣言』以来、マルクスとマルクス主義者が声高に唱えていたものだった。この「プロレタリアートの独裁」について、バクーニンは『国家制度とアナーキー』[75]で、「どの見地からこの問題を検討しても、特権的少数者による圧倒的多数の人民のみじめな支配という、同一のみじめな結論におちつく」「どんな独裁も、自己を永久化する以外の目的をもちえないし、独裁はそれにあまんずる人民のなかに奴隷制を生みだし、育てることしかできないのだ」と批判した。

クロポトキンの『近代科学とアナーキズム』[76]による「国家社会主義者たちが、中央集権主義国家の手中に労働手段の社会化を企てるという妄想を放棄しないかぎり、国家資本主義と社会主義国家の樹立に向けられた企図の必然的に導く結末は、すなわち空想の破産であり、また軍事独裁であろう」との国家社会主義への批判も、バクーニンの批判と同様、崩壊した旧ソ連・東欧や今日の中国で起きていることを先取りして実に鋭く的を射抜いている。

ところで、奇妙なことに、「プロレタリアートの独裁」を説くマルクス主義の政治と国家の教説は自己矛盾をはらむ。この点、ハンス・ケルゼンが『社会主義と国家』(77)で言うように、「マルクスの胸裏には、ファウストのそれの如く、国家社会主義と無政府主義という二つの魂が宿っているかの如く」である。

しかし、マルクス主義者にとっては、アナキストのように国家は「廃止」されるのではなく、それはプロレタリア革命ののちに「死滅」するのだという。レーニンの『国家と革命』が依拠したエンゲルスの『反デューリング論』(78)は、プロレタリアートによる権力の掌握から国家の「死滅」に至る過程を、弁証法的詭弁によるいとも簡単な積木倒しの戯画に代える。「プロレタリアートは、国家権力を掌握し、生産手段をまずはじめには国家的所有に転化する。だが、そうすることで、プロレタリアートは、プロレタリアートとしての自分自身を揚棄し、そうすることでプロレタリアートはあらゆる階級区別と階級対立を揚棄し、そうすることで国家としての国家を揚棄する」と。ブルジョア国家は「死滅」するのではなく、革命のうちでプロレタリアートによって「揚棄される」。

この革命のあとで、プロレタリア国家あるいは半国家が「死滅」するというのである。エンゲルスは国家の「死滅」を「眠りこみ」という言葉でも表現し、「人にたいする統治」が「物の管理」にとって代わられるとする。レーニンはエンゲルスを敷衍して、「民主主義もまた国家である」「国家が消滅するときには民主主義もまた消滅する」と民主主義の「死滅」にまで及んでいる(79)。エンゲルスやレーニンの国家と民主主義の「死滅」がいかがわしい弁証法的詭弁であることは疑う余地がない。

マルクスやエンゲルスやレーニンの理論と実践において、プロレタリアートの独裁は前衛党＝共産党の独裁と表裏一体だが、共産党による権力の独占と政治的自由の抑圧の意味するところは、「まず最初に党の組織が、全体としての党を代行する。ついで、中央委員会が党の組織を代行する。最後にはひとりの『独裁者』が中央委員会を代行する」[80]とのトロツキーの初期レーニン批判に圧縮して示されている。もっとも、そのトロツキーもまた、ロシア革命後のボルシェヴィッキによる権力の独占という意味では、当事者の一人としてかつて自ら描いたレーニンのカリカチュアを地で行く結果となった。旧ソ連とりわけスターリン治下の、そしてまた、現在の中国や北朝鮮のデモクラシーの欠如と自由の抑圧を見れば、共産党や労働党の独裁を理屈抜きに批判せざるを得ないだろう。

ハンナ・アレントが強調したように、旧ソ連の一党独裁も西欧流の多党制と似て非なるものではなく、いずれも近代政党制の産物をなし、「一党独裁は、国民国家の発展の、特殊には、多党制の発展の、それぞれ最終段階にすぎない」[81]。

パリ・コミューンの指導の功績については、マルクスの衣鉢をつぐレーニンでさえ、『クーゲルマンへの手紙』[82]のロシア語版序文でプルードン主義者とブランキ主義者に帰した。事実、フランスの社会学者アンリ・ルフェーブルは『パリ・コミューン』[83]で、プルードン主義者とブランキ主義者とりわけ前者の役割の重要性について、「プログラムを示すことによって、パリが地方に呼びかけ、労働者が農民へ呼びかけることを可能にし、また実際に可能にしたのはプルードンの教理のみであった」とし、コミューンの理念については「これを最初に提示したプルードン主義者と切り離すことはできない」としている。カナダの研究者ジョージ・ウッドコックも「より広い意味においては、コミューンがプルドンの連合主義の旗の下に戦ったということはいえるかもしれない」[84]と書いている。

スイスに隣接したフランス東部のブザンソン出身のプルードンは、フランスの中央集権を批判しつつ、随所でスイス諸邦の主権を保持した連合ないしは連邦を引き合いに出していて、スイスの連邦制がプルードンの有名な連合の思想に影響を与えたことは想像に難くない。徹底した分権主義者であるプルードンのまさに対極にいたのが、中央集権主義者のマルクスとエンゲルスである。

ヨーロッパの一八四八年の革命の狼煙となった一八四七年のスイスの内乱に寄せたエンゲルスの小文「スイスの内乱」(85)は、原始スイス人のオーストリアに対する戦いから、光栄あるリュトリの誓い、ヴィルヘルム・テルの有名な伝説、永久に記念さるべきモルガルテンの勝利まで十把一束に、牧羊者の「固定的な地方的利害」の「全民族の歴史的発展」に対する戦いであり、「粗野」や「野蛮」の「教養」や「文明」に対する戦いであった、と口を極めて批難したあげく、例によって例のごとく、「民主主義的プロレタリアートは、ブルジョアジーによって始められたような中央集権化を必要とするばかりでなく、それをもっと徹底的に実現しなくてはならないでろう」と中央集権化を持ち上げただけではない。

言葉を継いでエンゲルスは、原始スイス人が「地方的偏狭と孤立」から「原始的野蛮状態」にとどまり、その「州主権」の主張によって終始「集権化」に反抗してきたことを、「永久にかってに愚鈍で、妄信的で、残忍で、固陋で、非常識」とこき下ろしているのだ。民主主義の勲章を得るためには中央集権化が必要と言わんばかりである。第一インターナショナルにおけるマルクス派とバクーニン派、集権主義と連合主義の対立と抗争の背後に、後者を支持したスイスのジュラ地方の時計工たちの伝統的な地方分権の思想と行動があったことが、近年の研究で明るみに出ていることも付け加えておこう。

当時のインターナショナルの内部における対立と抗争については、中央集権主義のマルクス主義者ではなく、分権と連合主義のアナキストが一点の曇りもなく正しかったとわたしは考えるが、そのわたしもまた、プルードンやバクーニンに寄せてアレントが書いたつぎの警告を、アナキストへの〝頂門の一針〟と受け止めざるを得ない。「これらの本質的に無政府主義的な政治思想家は、革命は、国家と政府の廃止によって終わるのではなく、反対に、新しい国家の創設と新しい統治形態の樹立を目的にしていることを、はっきりと証明しているような現象を取り扱うのに、奇妙なくらい無準備であった」(86)。

アレントは近代の革命において、「評議会」の機関と新しい国家の萌芽が出現した時期として、プロシャ軍に包囲されたフランスの首都パリが自然発生的に自らを再組織してコミューン政府を成立させた一八七一年のパリ・コミューン、一九〇五年の労働者・兵士代表ソヴィエトを基礎としたロシア革命、同じく一九一七年のロシアの二月革命、ドイツの労働者と兵士による一九一八年と一九年の労働者兵士評議会いわゆるレーテ、一九五六年にブダペストから全国に評議会が信じられない速さで広がったハンガリアの革命を挙げ、それを「革命的伝統とその失われた宝」と呼んでいる(87)。

革命の自主的な機関である「評議会」は、「政党制」と同時期つまりフランス革命のなかから生まれてきたものである。「評議会が挑戦したのは、あらゆる形態の政党制そのものであって、この闘争は、革命から生まれた評議会が、いつも革命を唯一の目標にしてきた党を相手にするばあいは、かならず強められた。真のソヴィエト共和国という前衛的な観点からみると、ボリシェヴィッキ党は、消滅したレジームの党のどれよりも危険であるばかりか、同じくらい反動的なものである。…評議会は活動の機関であり、革命党は代表制の機関であった」(88)。

これに加えて、アレントが少し前の方で、「アメリカの繁栄と、アメリカの大衆社会は、ますます政治領域全体を荒廃へと追いやっている」が、その背景にあるのは、アメリカ型大衆消費社会の「豊かさ」と「際限のない消費」である、と示唆しているのも重要である[89]。アレントはこうも書いている。「今日、大衆社会のなかで政治的領域は死滅し、エンゲルスが無階級社会の状態として予言した、あの「ものごとの管理」にとって代えられている事情をだれが否定できようか?」[90]と。

アメリカ型大衆消費社会の「軽薄な道化」は、ローマも顔負けの見世物文化やテレビの乱痴気騒ぎを伴いつつ、全世界に深刻な影響を与え、地球の資源と環境を貪りつつ、白アリのように社会と文化の内部を食い散らかしているのだ。わたしはこのとめどなき大衆の欲望の増殖による過剰消費とこれを支える地球の資源と環境の乱開発を止めるのは、政党の主導する議会や議会的措置ではなく、ローマ・クラブの報告『成長の限界』[91]以来、数多くの警鐘が鳴らされてきた当の資源と環境の制約と限界それ自体の強制以外にない、と考えざるを得ざるを得ない。

第六章　「デモクラシーの世紀」とレファレンダム

二〇世紀前半のデモクラシーの壊滅的後退で一九四一年の時点で地球上に残存していたデモクラシー国は一一カ国にすぎなかったが、第二次世界大戦後まったくの悪条件にもかかわらず多宗教・多言語・低識字率で貧困にあえぐ大国インドに根を下ろし、二〇世紀後半にはデモクラシーの全世界的な拡大を見るに至る。デモクラシーは全地球的な勢いとなり、デモクラシーの言語や理想や制度が歴史上初めて、地球の大部分の地域に住む人びとに、国籍や宗教や文明にかかわりなく広まった。アメリカのフランシス・フクヤマは『歴史の終わり』[92]で、リベラルな形態の代表デモクラシーの勝利を「人類のイデオロギー上の進化の終点」「人類の統治の最終の形」と結論した。

アメリカのサミュエル・ハンチントンは『第三の波』[93]で、二〇世紀の後半にポルトガルをはじめ一五カ国でデモクラシーの波が地球規模に広がり、三〇カ国が権威主義からデモクラシーに移行し、少なくとも二〇の他の国々がデモクラシーの波によって影響を受けたことなどを指摘して、これを代表デモクラシーの「第三の波」と呼んだ。

フクヤマの『歴史の終わり』の教説が、旧ソ連など共産主義の崩壊を受けたものであることはいうまでもないが、かれが「フリーダム・ハウス」というアメリカのシンクタンクの諮問委員会に属し、その「フリーダム・ハウス」の有名な報告書が二〇世紀を「デモクラシーの世紀」ととらえていたこととも密接に関連しよう。

この報告書によれば、一九〇〇年の時点で大多数を占めていたのは君主国と帝国で、「制限つきデモクラシー国家」がわずかひと握りの二五カ国、世界人口の一二・五%だった。一九五〇年の時点になると、非植民地化の始まりと日本およびヨーロッパの戦後再建に伴い、二二のデモクラシー国家が世界人口の三一パーセントを占めた。さらに、二一カ国が「制限つきデモクラシー国家」と認められた。世紀末には、デモクラシーの精神と諸制度がラテン・アメリカ、脱共産主義のヨーロッパ、そしてまた、アフリカとアジアの一部へと到達した。これにより地球上の一九二カ国のうち一一九カ国が「選挙デモクラシー国家」と称されていた。地球人口の五八・二%である。そのうちの八五カ国（世界人口の三八%）

で、「基本的人権の尊重と法の支配」というデモクラシーの定型を享受していた。こうして、フリーダム・ハウスによって、二〇世紀は「デモクラシーの世紀」と定義される。

これを代表デモクラシーのグローバルな勝利とするフリーダム・ハウスの上すべりの成功礼賛の見方に立脚したフクヤマの「歴史の終わり」、あるいはまた、デモクラシーは「定期的な選挙を通じての指導者の交替によって定義される統治の形」を意味するとするシュンペーターを踏襲したハンチントンによる代表デモクラシーの「第三の波」にも苦言を呈して、オーストラリア出身の政治学者ジョン・キーンは『デモクラシーの生と死』(94)で、「デモクラシーが全世界的な勢いになった」ことは認めつつ、「代表デモクラシーの時代は過ぎ去りつつあるということ、「脱・代表」デモクラシーという形の新しい歴史が誕生し、それがデモクラシー世界で拡大している」とする。第二次世界大戦がもたらした破滅的な結果に起因する多種多様な理由と、権力の腐敗やその馬鹿げた乱用を防ごうという全社会的圧力の高まりとによって、代表デモクラシーは根本的に異なるタイプのデモクラシーたる「モニタリング・デモクラシー」に変身中というのだ。

キーンによれば、モニタリング・デモクラシーは「デモクラシーの新しい形態で、数多くの多種多様な議会外的な権力監視メカニズムの急速な発達によって定義づけられる、さまざまな「脱議会制」政治のこと」(95)である。キーンは一九四五年以後今日までのあいだに、かつては存在しなかった一〇〇にも及ぶさまざまな権力監視装置が考案された事実を挙げ、「モニタリング・デモクラシー」という歴史的形態の誕生の特徴としている。こうした議会外的な権力モニタリングの制度・機構のほんの一部をアトランダム挙げると、たとえば選挙監視委員会、市民参加予算編成、市民陪審、市民集会、人権組織、デモクラシー審査、コンセンサス会議、消費者評議会、会計委員会、独立宗教法廷、専門家評議会、「ヒューマン・ライツ・ウオッチ」、「アムネスティ・インターナショナル」などである。

モニタリング・デモクラシーは複合メディアが飽和状態に達した社会の成長と緊密に結びついており、コンピュータ化されたメディア・ネットワークとあたかも「結合双生児」のように振舞う。つまり、それは「過剰コミュニケーション」の時代のデモクラシーであって、メディア・リッチ市民とメディア・プア市民の分裂に悩まされてもいるが、ここではあらゆるものがメディアに狙われており、カチッというカメラの音、カチッというスウィッチの音で、プライベートの世界が一転してパブリックになる。「権力の仮面剥がし」であるが、このことは日本ではとりわけて実感できることで、悪事や腐敗に対する公的な異議申し立てが日常茶飯事となっているのだ。モニタリング・デモクラシーはコンピューター化されたメディア・ネットワークと「あたかも結合双生児のようにふるまう」。わたしは「過剰コミュニケーション」を手放しで擁護する者ではないし、むしろデモクラシー国家はイタリアやフランスで「ビデオクラシー」とか「テレポピュリズム」と呼ばれているブラックホールに吸い込まれていくのではないかと危惧するが、議会外的な権力監視装置や権力抑制装置の考案が重要だとの見解には異論がない。

権力監視や権力抑制のモニターが、国家であれ地域であれ政府や議会や政党の活動を大きく牽制し制約する力を持つことは疑いない。これらモニタリング装置を代表デモクラシーの枠内の最新の局面とみるのか、それとも代表デモクラシーとはまったく別種の新型のデモクラシーの出現とみるのかは、意見の分かれるところであろう。わたしは前者の立場だが、キーンは西欧中心主義を排して、集会デモクラシーと代表デモクラシーを見直したうえで、これに次ぐ第三段階の「モニタリング・デモクラシー」と名づける新たなタイプのデモクラシーと位置付ける。

キーンは一方で「正常なものの見方からの著しい飛躍のなかで本書が提示する」のは、代表デモクラシーの時代が過ぎ去りつつあり、「脱・代表」デモクラシーという形の新しい歴史が誕生し拡大しているとしながら、他方でモニタリング・デモクラシーは「代表制」に依拠し、「代表制あってこそ盛んになる」(96)とも書いている。つまり、キーンは、モニタリング装置に取り巻かれて政府や議会や政党の中心的支配力が縮小し、それよりもモニタリング装置そのものがデモクラシーの中核的存在になると考えているように思われる。

しかし、キーンが上下巻の翻訳で八〇〇ページ近くの分厚い大著『デモクラシーの生と死』のなかで、上巻の第二部「代表デモクラシー」の「アメリカの世紀」のポピュリズムに続くプログレッシズム（進歩主義あるいは革新主義）の時期に住民発議や住民投票の制度が普及してゆくさまを描いているが、それ以外のところ、なかんずく、肝心の下巻第三部「モニタリング・デモクラシー」では、住民投票制度にほとんどまったく言及していないのは理解に苦しむ。

しかるに、現行の権力監視装置もしくは権力抑制装置のなかでも、市民にとって住民投票制度は合法的で政治的にもっとも重要かつ有効な制度である。それは政府や議会や政党の、憲法を頂点とする具体的な施策や方針を点検監視し、それを市民の直接意思で否定または肯定ないしは修正することによって、権力を抑制する役割を現実に果たしている。いや、権力を抑制というよりも、むしろ権力を発現させると言った方がより正確かも知れない。わたしはキーンのいう多種多様なモニタリング装置の出現と集積を歓迎するが、モニタリング装置のなかでも市民が国家であれ地域であれ直接の発案権や決定権を持つものが必要だと考える。いまのところ、その役割を果たし得るものが、代表制を監視・抑制し、自ら主権者であることを再認識させる住民投票制度以外にあるとは思えない。

これに関連して言えば、イギリスの政治学者イアン・バッジが『直接民主政の挑戦』で、個別争点についての直接投票（住民投票、国民投票）を認めつつ、代表民主政を直接民主政の方に広げて行くべきだと言うのは正しいとして、「現代的な諸条件のもとで、直接民主政が政党なしに機能するというのは、事実上考えられないことである」[97]「政党がなければ現代民主政を組織することはできない」[98]「「実現可能な直接民主政のいかなる形式も、政党民主政でなくてはならないであろう」[99]、と政党を過大に評価しているのはいただけない。これは直接投票が政府・議会・政党の三位一体に異議を唱えていることを認識できていない証拠である。

そればかりか、直接立法に参加することにより政党が弱体化し、市民を組織したり指導したり役割を果たせなくなることを示す実証研究がある。いずれもバッジからの引用で著者の見方はまるで逆だが、一九七七年から一九八〇年にかけての調査で、イニシアティブとレファレンダムがもっとも盛んに行なわれているスイスで、各政党の勧告に反する票がそれぞれ過半数を超えていた。アメリカやスイスで直接立法を論じる者の半数以上が、直接立法が政党を弱体化すると考えている。

レズニックは一九九二年一〇月のカナダのレファレンダムの調査データから、政治的左翼を自認している回答者の五六・六%が、また政治的右翼の立場にあるとした回答者の六一・九%が、さらには政治的に中道であるとした回答者の五八・二%がシャーロットタウン協定に反対票を投ずる意向にあることを明らかにしているが、これは伝統的な政治的支持関係の枠組みを超える結果であった。このデータは、

朝日新聞 1992年(平成4年)10月29日

投票前日の25日夜、「イエス」と書かれたポスターを掲げてトロントの町を走るブルージェイズのファン　＝AP

ケベック問題

カナダつまずく

国民投票「ノー」　首相批判の票も

【ニューヨーク27日＝小田隆裕】分離独立運動が続くフランス語圏のケベック州をなだめるため、「独自の地位」を与えることをおもな内容としたカナダの憲法改正をめぐる国民投票は二十七日まとまった最終集計によると「ノー」が過半数を占めた。とかく米国の陰に隠れがちで、国家としての「独自性」を模索しているカナダが、国内で「独自性」を求めるケベック州問題でつまずくという結果となった。

国民投票の前々日、カナダにはよいニュースがもたらされた。米大リーグのワールドシリーズで、カナダの二チームの一つ、トロント・ブルージェイズがアトランタ・ブレーブスを破り、初めての優勝をもたらしたのである。日ごろ、「米国の陰」に甘んじているカナダ国民は、このときとばかり、うっぷんを晴らした。そして、この「団結」の余韻は国民投票にも良い影響をもたらすのではないか、という見方もされた。

が、結果は違った。カナダの十州のうち、賛成が過半数を占めたのは四州のみ。「主役」のケベックでは五六・六％が反対。「ケベックにもっと独自の権限を与えるべきだ」という不満とみられている。

英語圏のブリティッシュ・コロンビア州は反対がカナダ全体で最高の六八％を占めた。他の州も含め、「憲法改正内容はケベックだけでなく、インディアンなど先住民族にも自治権を与え過ぎだ」という「拒絶票」とみられる。立場の違う者同士の利害が皮肉にも一致した「反対」となった。

しかし、今回の国民投票の結果で、ケベックが分離独立に向かうわけではない。むしろ、「分離独立」をする余裕などないのがいまのカナダだ。

今回の国民投票の「ノー」は、来年選挙を控えているマルルーニー首相に対する批判も含まれている、との見方も強い。世論調査で歴代最低の支持率に低迷する同首相には、ボディーブローになりそうだ。

ケベック問題　カナダ最大の州で唯一の仏語圏であるケベック州は、一七六三年のパリ条約までフランスの植民地だった。一九六〇年代から住民の間で、同州を他の英語圏から分離し、自治拡大を要求する運動が高まっていた。

今回の国民投票にかけられた憲法改正案は、連邦政府と他の九州が中心にまとめたもの。独立を回避するため、ケベック州を他州とは異なる「独自の社会」と認めているほか、先住民の自治権拡大などの内容も含む。

記事1　ケベック州の分離独立をめぐるカナダの国民投票

反対票を投ずる意向にある人の五三・七%が政府の行動にほとんど、ないしはまったく発言するすべを失していると感じていることを示すデータともども、「政治エリートに共感を覚えない社会層に政治的幻滅感が広がっていたことを示すものでもある」と注記している[100]。

シャーロットタウン協定とは、フランス系住民が七二%、フランス語を母語とする住民が八六%を占めるカナダのケベック州の分離主義を抑えて、連邦体制を維持するための一九九二年の憲法改正案だが、同年一〇月に行われた国民投票の結果は、ケベック州を含めて過半数の州が批准を拒否した。全国的三大政党やすべての州知事が支持するという状況のなかで、五五%の有権者がシャーロットタウン協定に反対票を投じたのである。

一方、ヨーロッパでは、欧州連合（EU）の創設を定めた一九九二年のマーストリヒト条約の批准投票で、デンマークが五〇・七%の反対票で批准を拒否した。その結果はフランスの国民投票にも波及し、四九%の反対票で僅差で批准を承認したものの、反対票の多さに驚かされた。スイスの有権者は国民投票で政治エリートに対抗して欧州共同体との関係の深化に反対する選択をした。イタリアでは一九九三年のレファレンダムでなんと八二%の有権者が選挙制度の全面改革と統治様式の制度改革を求めた。

その後、デンマークは四つの例外条項を設けたエディンバラ議定書を付すことでマーストリヒト条約を一九九三年五月に批准し、EUが創設された。しかし、イギリスは二〇一六年六月の国民投票でEUからの離脱をを選択し、二〇二〇年一月、四七年間加盟していたEUを離脱した。このように、ヨーロッパでは国民投票が最重要の課題で決定権を行使しているわけである。

一九九〇年代に欧州各国で統治する政治階級に対抗する、こうした反既成体制型レファレンダムの波

朝日新聞（夕刊）　1992年（平成4年）6月3日　水曜日

「欧州統合」流れに打撃

デンマーク国民投票 条約を否決

各国反対論に弾み

【コペンハーゲン2日=後藤尚雄】「欧州連合」への道筋を定めたマーストリヒト条約の賛否を問う国民投票が二日、デンマークで行われ、即日開票の結果、反対票が賛成を上回り否決された。欧州共同体（EC）の統合で大国主導体制がさらに進む、との懸念が国民に広がっており、小国の立場から急速な統合を否定した形になった。EC各国内に根強い統合反対論にはずみをつけ、条約内容も含め欧州統合日程の見直しに発展する可能性が出てきた。ECの政策運営にも深刻な影響を与えると、見られる。（2面に関係記事）

開票結果によると、反対が百六十五万三千九百九十九票で五〇・七％に対し、賛成票は百六十万六千七百三十票で四九・三％と接戦になり、国論は完全に二分された。シュルター首相は二日夜記者会見し、「デンマークが欧州連合の外にいる場合の影響の対応をしなければならない」と述べるとともに、三日に開く閣議で、今後の緊急対応策を協議する考えを明らかにした。

マーストリヒト条約はEC加盟全十二カ国が批准して発効することになっている。デンマークがこの先も、批准を行えない場合は、同国を除き批准を終えた国だけで発効するよう改めるか、デンマークも受け入れられる条約内容に改正するか、の厳しい判断を迫られる。

欧州ではEC外の欧州自由貿易連合（EFTA）のスウェーデンやフィンランドなどがEC加盟の名乗りを上げている。国民投票の結果はデンマークと同様の扱いとこれらの国の加盟問題にも大きな影響を与えそうだ。デンマークが、「欧州連合」に参加しない場合でも、今年末で単一市場などが完成する現在のECの枠組みにはとどまれる。

昨年十二月に合意されたマーストリヒト条約には、経済面では遅くとも九九年までにEC主要国で欧州中央銀行を設立し、共通通貨を採用、政治面では共通外交・安全保障政策を導入する、と明記。EC加盟各国は今年二月、条約に正式調印し、今年中に批准を終える予定になっている。

しかし、デンマークでは、将来の「欧州連合」がEC内の大国主導になるのではないか、との懸念が広がっていた。同国で第二次世界大戦時には占領された経験があるドイツが、一段と影響力を強めることへの反発も出ている。

デンマーク国会は五月十二日に条約批准のための憲法改正案を採決し、賛成が過半数を占めた。しかし、憲法で定められた、国家主権を国際機関に委譲する場合に必要な六分の五以上の賛成が得られず、国民投票にかけられた。

加盟各国の条約批准手続きは、五月から本格化してきた。英国ではサッチャー前首相が「ドイツ主導による欧州統合だ」と強く批判し、与党・保守党の一部議員が反対票を投じるなど、各国で「欧州連合」をめぐる論議が高まっている。

記事２　ＥＵ創設の批准をめぐるヨーロッパ各国の国民投票

1　14版　2016年（平成28年）6月25日　土曜日　朝日新聞

■英国民投票の結果

離脱	1741万0742票 (51.9%)
残留	1614万1241票 (48.1%)
無効	2万5359票
投票率	72.2%

英EU離脱へ

キャメロン首相 辞意表明

国民投票 51%占める

欧州連合（EU）からの離脱を問う23日の英国の国民投票は、開票の結果、離脱票が残留票を上回った。英国は、28カ国に拡大したEUから離脱する初めての加盟国となる。自ら率いた残留派の「敗北」を受けて、キャメロン首相は24日、辞意を表明した。

脱退交渉 期間は2年

選挙管理委員会が24日に発表した開票結果によると、「離脱」は1741万742票（51・9%）、「残留」は1614万1241票（48・1%）、無効票が2万5359票だった。投票率は72・2%で、昨年5月の総選挙の66・1%を上回った。

ロンドンで24日、国民投票の結果を受け、記者会見で辞意を表明するキャメロン英首相＝ロイター

「理念先行型」の統合 終幕

ヨーロッパ総局長　梅原季哉

英国は欧州連合（EU）とは別の道を歩む——。今回の国民投票で英国民の多数が示した民意は、小差とはいえ明確だ。

記事３　ＥＵ離脱を決定したイギリスの国民投票

を受けて、レズニックは書いている。「確かに、統治問題についてレファレンダムを導入している国（およびケベックのような州）の数は増大している。また、ヨーロッパ連合への加盟ないしは憲法改正の場合のように、問題が重大であれば、レファレンダムは、民主政にあって（議会や内閣、あるいは政党ではなくて）人民が権力の究極的源泉であることを支配者に気づかせるという点では人民全体にとって好機となる」(101)。

「市民と権力者との結び付きを再構築するという点で、レファレンダムには治療効果があると主張したい。旧敵を今日の友とし、旧友を敵とする、これが西側の政党政治の極めて簡単な特徴であるとしても、レファレンダムはこの種の「他人」の悪魔化を払拭する対処効果をもち得る。さらには、支配者（ないし支配者を助言するテクノクラート）の提案をチェックし、あるいは、少なくとも不満をあらわにすることは、とりわけ伝統的政党がこれを行い得ないときには、治療効果をもち得るものである」(102)。

このレファレンダムの波以前には、一九六〇年代に西側のアメリカ、フランス、ドイツの学生反乱で、また東欧では一九五六年のハンガリア革命、一九六八年のチェコの春、一九八〇－八一年のポーランドの連帯の活動、さらには、一九八九年のドイツのベルリンの壁崩壊、同年の中国の天安門における学生の弾圧された抗議行動、といった激しい民衆の直接行動が起きたし、またレファレンダムの波以後にも、二〇一四年の「雨笠革命」に続いて、二〇一九年には超大国の中国を見据えた香港の学生の身を挺した抗議行動が世界の耳目を集めた。

同じく中国の脅威の下に立つ台湾では、二〇〇三年の「公民投票法」を成立させて以来、直接民主政の先輩スイスに学び、その支援を受けて、レファレンダムの実施基準を緩和し、数カ月で一〇件もの住民投票を実施するという状況に至った。市民団体が請求した二〇一八年の脱原発の住民投票で敗れたのは残念だが、長い目でみれば住民投票の定着は脱原発への道を開くに違いない。

香港と台湾の「一国二制度」は中国の強権政策の強行と脅迫で破壊されようとしている。とくに二〇一九年六月以降、中国への容疑者引き渡しを可能にする「逃亡犯条例改正案」に対して香港の民主派の抗議行動が大規模化するや、中国は全国人民代表大会（全人代）で「香港国家安全維持法」を制定・発効し、香港の「一国二制度」の破壊に乗り出し、中国の治安当局が香港に出先機関を設置し、法施行の管轄権を直接掌握しようとしている。天安門事件の悪夢の再来であり、反政府抗議活動を主導してきた香港の民主派のリーダーの一人は、「これまでの香港が終わり、恐怖による支配の時代が始まった」と言っている。自由な言論を発信し続けた香港の「リンゴ日報」も、二〇二一年六月ついに廃刊に追い込まれた。

習近平政権が香港の次に、台湾に対して強引に統一攻勢を仕掛けるのではないか、と危惧する声も高まっている。すでに数年前から、中国では台湾との統一を前提に、「国家統一法」を制定するキナ臭い動きがみられるのだ。二〇〇〇年一月の総統戦で再選された蔡英文総統は、二期目の就任演説で中国と台湾の関係は「平和と対等、民主、対話」に基づくとして、中国の「一国二制度は受け入れられない」と述べた。

習近平の中国はスターリンの旧ソ連についで、ご立派なお題目を唱える共産党のイデオロギーに支配された一握りの人間が権力を掌握し、そのなかから独裁者が出て恐怖政治を敷き、カヤの外の言論の自由なき一般市民を奴隷のように扱う。北朝鮮などは共産党政権の鬼っ子と言えよう。ミャンマーの軍事独裁政権はその双子の兄弟である。中国の新疆ウイグル自治区など少数民族の抑圧もひどいものである。およそ三〇年前、旧ソ連や東欧の共産党政権の劇的な崩壊をこの目で見た者には、中国や北朝鮮の行きつく先がどうなるかは疑う余地はないが、その崩壊のプロセスや時期は、未発に終わるかもしれない市民革命の介在が避けられないこと以外は予想もつかない。

一方、「デモクラシーの世紀」とおだてられている代表デモクラシーの国々で、むろん政府・議会・政党の三位一体で構成される代表デモクラシーが、政権交代なき共産党支配の一党独裁よりもはるかにましだとはいえ、多かれ少なかれ機能不全を引き起こし政治を閉塞させていることは明らかである。この三位一体はキーンのいわゆる「三葉虫というほどではないにせよ」、いずれも市民との距離が離れ過ぎて「まるで化石と感じられ始める」。

それでは、今日の代表デモクラシーの外野席の市民が、失墜したアメリカのトランプのような派手なポピュリズムのパフォーマンスで群集にコビを振り回し、他方で黒人や移住者を切り捨てるのではなく、この化石化したはるかなる距離を埋めて、本来の主権を取り戻す方策はないのか。いや、それはある。イニシアティブとレファレンダムを取り入れた住民投票制度である。住民投票制度は直接民主政の申し子である。デモや集会の直接行動は今後とも世界で止むことがないが、住民投票や国民投票のような直接民主政の延長上にある活動もまたべつのかたちで恒常的に継続され、民主政の〝治療効果〟をもつ〝安全弁〟として働らき続けるだろう。

【注】

(1) 土井淑平『民主主義の歴史的考察』（綜合印刷出版発行、星雲社発売、二〇一六年）の第二部「直接民主政の歴史的源流」
(2) ウィッチャーリー、小林文次訳『古代ギリシアの都市構成』（相模書房、一九八〇年）のⅠ部「ギリシア都市の成長」
(3) アリストテレス、山本光雄訳『政治学』（岩波文庫、一九六一年）の第一巻第二章
(4) フェルナン・ブローデル、村上光彦訳『物質文明・経済・資本主義　一五－十八世紀』1〜2『日常性の構造』（みすず書房、一九八五年）の第八章「都市」の「西ヨーロッパ諸都市の独自性」
(5) ルイス・マンフォード、生田勉訳『歴史の都市　明日の都市』（新潮社、一九六九年）の第五章「ポリスの出現」2「村の声」
(6) ヘロドトス、松平千秋訳『歴史』上（岩波文庫、一九七一年）の巻三（タレイアの巻）
(7) 前掲アリストテレス『政治学』の第一巻第二章
(8) W・G・フォレスト、太田秀通訳『ギリシア民主政治の出現』（平凡社、一九七一年）
(9) 前掲フォレスト『ギリシア民主政治の出現』のⅣ「コリントの革命」
(10) プルターク、河野与一訳『プルターク英雄伝』（二）リュクールゴス（岩波文庫、一九五二年）
(11) アリストテレス、村川堅太郎訳『アテナイ人の国制』（岩波文庫、一九八〇年）の第六章「負債の切棄て」
(12) 前掲アリストテレス『アテナイ人の国制』の第七章「財産による市民の等級別」
(13) 前掲アリストテレス『アテナイ人の国制』の第八章「ソロンによるさまざまの立法」〜第十一章「ソロンの改革に対する当時の世評」
(14) 前掲フォレスト『ギリシア民主政治の出現』のⅧ「クレイステネスの改革」
(15) 澤田典子『アテネ民主政』（講談社、二〇一〇年）の序章「アテネ民主政という世界」
(16) 関曠野『プラトンと資本主義』（北斗出版、一九八二年）の第Ⅰ部「ギリシアで起きたこと」第三章「法廷／市場／劇場」

(17) 前掲アリストテレス『政治学』の第二巻第十二章
(18) ジョン・キーン、森本醇訳『デモクラシーの生と死』上（みすず書房、二〇一三年）の第一部「集会デモクラシー」の「東から西へ」
(19) デヴィッド・グレーバー、片岡大右訳『民主主義の非西洋起源について』（以文社、二〇二〇年）
(20) ジクリト・フンケ、高尾利数訳『アラビア文化の遺産』（みすず書房、一九八二年）の5「アラビア文化が咲き誇った理由」
(21) ディミトリ・グダス、山本啓二訳『ギリシア思想とアラビア文化』（勁草書房、二〇〇二年）
(22) マックス・ウェーバー、世良晃史郎『都市の類型学』（創文社、一九六四年）の第二項「西洋の都市」六「西洋における誓約共同体的兄弟盟約、その法的・政治的結果」
(23) ニコラ・オットカール、清水廣一郎／佐藤真典訳『中世の都市コムーネ』（創文社、一九七二年）の「中世の都市コムーネ」第一章「中世の都市コムーネおよびイタリアのコムーネをアルプス以北のヨーロッパのコムーネから区別している基本的性格に関する一般的考察」
(24) ダーニエル・ウェーリー、森田哲郎訳『イタリアの都市国家』（平凡社、一九七一年）のⅢ「政府」とⅣ「対外関係」
(25) 前掲ウェーバー『都市の類型学』の第四項「平民都市」二「非正当的政治団体としてのポポロの革命的性格」
(26) 増田四郎『地域の思想』（筑摩書房、一九八〇年）の「都市問題の文化史的考察」
(27) アンリ・ピレンヌ、佐々木克己訳『中世都市論集』（創文社歴史学叢書、一九八八年）の「中世における統治諸制度の起源」第二章第四節
(28) アンリ・ピレンヌ、佐々木克己訳『中世都市』（創文社歴史学叢書、一九七〇年）の第七章「都市の諸制度」
(29) ハンス・プラーニッツ、林毅訳『中世ドイツの自治都市』（創文社歴史学叢書、一九八三年）の第一部「ドイツ中世都市の成立」第二部「都市共同体の形成とその構造」第二章「宣誓共同体運動と都市共同体の形成」および第三章「都市共同体としての宣誓共同体」
(30) 増田四郎『西欧市民意識の形成』（春秋社、一九四九年／講談社学術文庫、一九九五年）の弟七章「イタリア中世

都市の成立について」3「市参事会制度の起源」
(31) クロポトキン、田敦子訳『国家・その歴史的役割』(黒色戦線社、一九八一年)
(32) エーディト・エネン、佐々木克己訳『ヨーロッパの中世都市』(岩波書店、一九八七年)の「結論的考察」
(33) ブローデル『物質文明・経済・資本主義　一五－一八世紀』1～2「日常性の構造」の第八章「都市」の「西ヨーロッパ諸都市の独自性」
(34) ハンナ・アレント、志水速雄訳『革命について』(合同出版、一九六九年)の第六章「革命的伝統とその失われた宝」
(35) 久米邦彦編『特命全権大使米欧回覧実記』全五冊(岩波文庫、一九七七～一九八二年)
(36) 森田安一『スイス　歴史から現代へ』三補版(刀水書房、一九八〇年)。なお、森田安一編『スイスの歴史と文化』(刀水書房、一九九九年)、森田安一監修『物語　スイスの歴史』(中公新書、二〇〇〇年)も参照
(37) 前掲森田『スイス』の第三章「連邦制」二、「連邦制の姿」
(38) 渡辺久丸『現代スイス憲法の研究』(信山社、一九八九年)の第三章「「連邦制の原理その動揺―「現在」スイスの場合―」の三「連邦制の原理をめぐって」1「連邦制の原理」
(39) 岩崎美紀子『分権と連邦制』(ぎょうせい、二〇一〇年)の第二部「各国研究」第㈩章「スイス」
(40) 小林武『現代スイス憲法』(法律文化社、一九八九年)の第一部「現行憲法と全面改正作業」第二章「現行憲法の概要」第二節「連邦国家の構造」第二款「連邦と邦の関係」第一項「連邦と邦の間の権限分配」
(41) 前掲小林武『現代スイス憲法』の第一部第二章第二節第二款第一項「連邦と邦の間の権限分配」
(42) ウルリヒ・イム・ホーフ、森田安一監訳『スイスの歴史』(刀水書房、一九九七年)の第四章「対外的な力の絶頂期における盟約者団」5「盟約者団の国民意識」
(43) マックス・ウェーバー、世良晃志郎訳『支配の社会学』Ⅰ(創文社、一九六〇年)の第九章「支配の社会学」第一節「支配の諸構造形態と諸機能様式」第二項「支配と行政、民主制的行政の本質と限界」
(44) シュンペーター、中山伊知郎・東畑精一訳『資本主義・社会主義・民主主義』中巻(東洋経済新報社、一九六二年)の第四部「社会主義と民主主義」第二一章「古典的民主主義学説」四「古典的学説の生き残っている理由」

(45) 関根照彦『スイス直接民主制の歩み』(尚学社、一九九九年)の第一部「直接民主制の歴史的展開」第一章「アンシャン・レジームにおけるスイスの政治 ― 一七九八年までのスイス ―」
(46) 前掲関根『スイス直接民主制の歩み』の第一部第三章「純粋代議制から半直接民主制へ 一八三〇～一八四八年におけるスイスのカントン」、および、今井一編著『住民投票の総て』(「国民投票/住民投票」情報室、二〇二〇年)第四章「海外の住民投票制度と実施事例」▼「スイスの住民投票制度をめぐって」(上原亜紀子)
(47) 前掲今井一編『住民投票の総て』第四章の▼「スイスの住民投票制度をめぐって」(上原亜紀子)
(48) 森田安一篇『岐路に立つスイス』(刀水書房、二〇〇一年)の第三部「スイス新連邦憲法をめぐって」の「スイス新連邦憲法の誕生」(小林武)
(49) 前掲森田篇『岐路に立つスイス』の第三部の「スイス憲法とエコロジー」(前原清隆)
(50) 前掲キーン『デモクラシーの生と死』上の「いやな兆候、小さな夢」、および、第一部「集会デモクラシー」と第二部「代表デモクラシー」
(51) A・R・マイヤーズ、宮島直機訳『中世ヨーロッパの身分制議会 新しいヨーロッパ像の試みⅡ』
(52) ジョージ・グロートについては、前掲キーン『デモクラシーの生と死』上の第一部「集会デモクラシー」の「東より西へ」の「銀行家」を参照
(53) 前掲キーン『デモクラシーの生と死』上の第二部「代表デモクラシー」の「アメリカの世紀」
(54) トマス・ペイン、西川正身訳『人間の権利』(岩波文庫、一九七一年)の第二部第三章「新旧の統治制度について」
(55) A・ハミルトン/J・ジェイ/J・マディソン、斉藤眞/武則忠見訳『ザ・フェデラリスト』の第10篇「派閥の弊害とその矯正策」(マディソン)
(56) ベンジャミン・ラッシュの言葉は、ハンナ・アレント、志水速雄訳『革命について』(合同出版、一九六八年)の第六章「革命的伝統とその失われた宝」から引用
(57) ルソー、桑原武夫/前川貞次郎訳『社会契約論』(岩波文庫、一九五四年)の第三篇第十五章「代議士または代表者」
(58) フィリップ・レズニック、中谷義和訳『二十一世紀の民主政』(御茶ノ水書房、一九九八年)の第三部「参加と市

民社会」第五章「直接民主政は近代国家と共存し得るか」

(59) ジェファソンの言葉は、前掲中谷『二十一世紀の民主政』の第三部第五章「直接民主政は近代国家と共存し得るか」より引用

(60) 前掲アレント『革命について』の第六章「革命的伝統とその失われた宝」

(61) ルイス・マンフォードの言葉は、前掲アレント『革命について』の第六章「革命的伝統とその失われた宝」より引用

(62) 大内兵衛／細川嘉六監訳『マルクス・エンゲルス全集』第一七巻（大月書店、一九六六年）所収のマルクス「フランスにおける内乱」

(63) レーニン、宇高基輔訳『国家と革命』（岩波文庫、一九五七年）の第三章「国家と革命。一八七一年のパリ・コミューンの経験。マルクスの分析」三「議会制度の揚棄」

(64) 土井淑平『アメリカ新大陸の略奪と近代資本主義の誕生』（編集工房朔発行、星雲社発売）の第五章「アメリカ新世界の衝撃と西欧近代思想の出現」4「社会主義・マルクス主義・アナキズム・フェミニズム」

(65) 前掲土井淑平『民主主義の歴史的考察』第四部「代議制民主主義と全体主義の帝国」第七章「ロシア革命の悲劇」

(66) マルクス／エンゲルス、大内兵衛／向坂逸郎訳『共産党宣言』（岩波文庫、一九五一年）

(67) エンゲルスの言葉は、ダニエル・ゲラン、江口幹訳『現代アナキズムの論理』（三一新書、一九六九年）のIの「マルクス、バクーニンとパリ・コミューン」より引用

(68) 前掲ゲラン『現代アナキズムの論理』のIの「マルクス、バクーニンとパリ・コミューン」

(69) M・ブーバー、長谷川進訳『ユートピアへの途』（理想社、一九五九年）の八「マルクスと社会の更新」

(70) ベルンシュタインの言葉は、前掲レーニン『国家と革命』の第三章「国家と革命。一八七一年のパリ・コミューンの経験。マルクスの分析」四「国民の統一の組織」より引用

(71) 前掲レーニン『国家と革命』の第三章四「国民の統一の組織」

(72) マルクスの言葉は、前掲アレント『革命について』の第六章「革命的伝統とその失われた宝」の注より引用

(73) 前掲ブーバー『ユートピアへの途』の九「レーニンと社会の更新」

(74) 前掲レーニン『国家と革命』の第二章「国家と革命。一八四八―一八五一年の経験」―「革命の前夜」

(75) 外川継男／左近毅編『バクーニン著作集』6（白水社、一九七三年）所収のバクーニン『国家制度とアナーキー』

(76) 猪木正道、勝田吉太郎責任編集『世界の名著』42（中央公論社、一九六七年）所収のクロポトキン「近代科学とアナーキズム」の十五「行動の手段」

(77) ハンス・ケルゼン、長尾龍一訳『社会主義と国家』（木鐸社、一九　七六年）の第二章「マルクスとエンゲルスの諸著作における政治理論」原注(20)

(78) 前掲『マルクス＝エンゲルス全集』第二〇巻（大月書店、一九六八年）所収のエンゲルス「オイゲン・デューリング氏の科学の変革（反デューリング論）」（村田陽一訳）

(79) 前掲レーニン『国家と革命』の第一章「階級社会と国家」四「国家の「死滅」と暴力革命」

(80) アイザック・ドイッチャー、田中西二郎／橋本福夫／山西英一訳『武装せる予言者・トロツキー』（新潮社、一九六四年）の「歴史の戸口」に引用されているトロツキー「われわれの政治的任務」

(81) 前掲アレント『革命について』の第六章「革命的伝統とその失われた宝」

(82) マルクス、中内通明訳『クーゲルマンへの手紙』（国民文庫社、一九五四年）の「一九〇七年ロシア語版序文」（レーニン）

(83) H・ルフェーブル、河野健二／柴田朝子訳『パリ・コミューン』下（岩波書店、一九六八年）の第六部「三月一八日からコミューンの宣言まで」第七章「選挙とコミューンの宣言」

(84) ジョージ・ウッドコック、白井厚訳『アナキズム』Ⅱ運動篇（紀伊国屋書店、一九六八年）の第二部「運動」Ⅸ「インタナショナルの努力」

(85) 前掲『マルクス＝エンゲルス全集』第四巻（大月書店、一九六〇年）所収のエンゲルス「スイスの内乱」（中原稔生訳）

(86) 前掲アレント『革命について』の第六章「革命的伝統とその失わのれた宝」

(87) 前掲アレント『革命について』の第六章「革命的伝統とその失われた宝」

(88) 前掲アレント『革命について』の第六章「革命的伝統とその失われた宝」
(89) 前掲アレント『革命について』の第三章「幸福の追求」
(90) 前掲アレント『革命について』の第六章「革命的伝統とその失われた宝」
(91) D・H・メドウズ／D・L・メドウズ／J・ラーンダズ／W・W・ベアランズ三世、大来佐武郎監訳『成長の限界 ― ローマ・クラブ「人類の危機」レポート ―』（ダイヤモンド社、一九七二年）
(92) フランシス・フクヤマ、渡部昇一訳『歴史の終わり』上（三笠書房）
(93) S・P・ハンチントン、坪郷實／中通寿一／藪野祐三訳『第三の波』（三嶺書房、一九九五年）の第一章「何か？」
(94) 前掲キーン『デモクラシーの生と死』上の「いやな兆候、小さな夢」
(95) 前掲キーン『デモクラシーの生と死』下の「モニタリング・デモクラシー」の「大いなる変容」の「モニタリング・デモクラシー」
(96) 前掲キーン『デモクラシーの生と死』下の第三部「モニタリング・デモクラシー」の「代表制」
(97) イアン・バッジ、杉田敦／上田道明／大西弘子／松田哲訳『直接民主政の挑戦』（新曜社、二〇〇〇年）の第二章「直接民主政と代表民主政」3「媒介される形態 ― 政党制民主政としての直接民主政」
(98) 前掲バッジ『直接民主政の挑戦』の第五章「直接民主政における市民と政党」5「政党の衰退か現状維持か」
(99) 前掲バッジ『直接民主政の挑戦』の第七章「民主的レトリックから現実の直接民主政」4「市民は対応できるのか」
(100) 前掲レズニック『二十一世紀の民主政』の第三部「参加と市民社会」第五章「直接民主政は近代国家と共存し得るか」
(101) 前掲レズニック『二十一世紀の民主政』の第三部第六章「民主政の安全弁 ― 反政治的レファレンダムの治療効果」
(102) 前掲レズニック『二十一世紀の民主政』の第三部第六章「民主政の安全弁 ― 反政治的レファレンダムの治療効果」

あとがき

住民投票とデモクラシーをテーマとした本書は、半世紀近くにわたって携わってきたわたしの反原発を中心とした環境運動や社会運動の結語に当たる。わたしは鳥取県青谷町に中国電力が計画した青谷原発立地阻止運動の最中の一九八二年にわが国最初の住民投票条例を制定して原発立地をはね返した高知県窪川町の住民の闘い、そして、この国で初めて条例に基づく住民投票を一九九六年に実施して原発立地をくい止めた新潟県旧巻町の住民の闘いに、大いに啓発され勇気づけられた。

反原発運動だけではない。米軍弾薬庫のある神奈川県逗子市で一九八四年に最初に出された常設型の住民投票条例案にも大きな刺激を受けた。逗子市では特定のテーマを定めない常設型住民投票条例の制定を求めて住民が直接請求し、議会によって否決されたが、常設型住民投票条例の萌芽と考えられている。

わたしの身近なところでは鳥取県米子市で一九八八年に市民の直接請求によって中海淡水化の是非をめぐる住民投票条例が制定された。こうした動きを背景に、中海淡水化反対運動を進めていた米子市の中川健作市議らが一九九六年に富永輝一郎元逗子市長を松江市に招いて行なった住民投票をめぐるシンポジウムがあり、わたしもパネラーの一人として参加した。このときのわたしの発言は、『LOPAS』(一九九六年一一月一日)に「住民投票に優先権を」のタイトルで掲載された一文に残っている。

ランズゲマインデ(住民集会)の伝統を持つスイスでは、住民投票(イニシアティブとレファレンダム）は「半」直接民主政と呼ばれるが、直接民主政の申し子と言ってもいい。わたしは五年前に刊行した『民主主義の歴史的考察』（綜合印刷出版発行、星雲社発売、二〇一六年）で、直接民主政の歴史的源流を古代ギリシアの都市国家ポリス、ヨーロッパの中世都市コムーネまたはコミューン、中世から近代にかけてのスイスに求めた。最近の研究では、古代ギリシアの直接民主政は東方に起源があったとされる。

本書でも、とりあえず古代ギリシアの都市国家、中世ヨーロッパの自由都市、中世から近代にかけてのスイスを直接民主政と半直接民主政の典型的事例として取り上げたが、現代の代表民主政の時代にあっても、デモや集会などの直接行動に加えて、イニシアティブとレファレンダムのような直接民主政の精神と制度が代表民主政を補完し活気づけていることを力説したい。

最近、沖縄の住民は県民投票で米軍基地にNO！を突き付けたが、国は聞く耳を持とうとしない。西欧各国では住民投票が法制化されている。日本も住民投票をいつまでもまま子扱いせず、国レベルでも地方自治体レベルでも法制化すべきである。しかし、法制化されるまでは住民投票に意味がないのかといえば、そうではない。今日の日本において、住民投票は法的有効性がなくとも、政治的有効性はあり、間接民主政に対する〝治癒効果〟を持つ。機能不全で政治を閉塞させている議会や政党への〝頂門の一針〟であると言ってもいい。

ところで、本書の草稿は二年前の暮れに書き上げていたのだが、わたしが参考にしようと考えていた「国民投票／住民投票」情報室の今井一編著『住民投票の総て』の刊行が一年近く遅れ、これにコロナ禍が追い討ちをかけた。昨年一〇月に刊行されたその『住民投票の総て』は、住民投票について考える者にとって画期的に重要な労作で、わたしはこの労作で日本の住民投票の全体像とデータを知ることができ、ようやく本書を脱稿できた次第である。

大阪維新の会が提唱した昨年の大阪都構想をめぐる住民投票は、二〇一五年の第一回投票に続いて反対票多数で否決された。市長・府知事や市議・府議は維新の会が圧倒的に優位を占めていたのだが、ある一つの重要な事案をめぐって住民が自分の意思を直接表明する住民投票は、いわば住民の代表を総花的に選ぶ首長選挙や議会選挙とは違うことをあらためて示した。

一方で、島根原発の再稼働をめぐって住民投票の直接請求への動きが鳥取県西部の米子市と境港市、ひいてはまた、島根県松江市の市民たちの間でそれぞれ起きている。いわゆる三密（密集、密接、密閉）を避けねばならないコロナ禍の非政治的な条件下での困難に鞭打っての挑戦である。この直接請求による住民投票こそ、住民が主権者であることをあらためて示す願ってもない機会なのである。

二〇二一年七月

土井淑平

【著者プロフィル】

土井淑平（どい・よしひら）

鳥取市生まれ。早稲田大学政治経済学部卒。政治思想専攻。元共同通信記者。市民活動家。

四日市公害（1960年代）、川内原発建設反対運動（1970年代）、青谷原発立地阻止運動（1980年代）、人形峠周辺ウラン残土撤去運動（1980年代～2000年代）などに取り組む。

著書に、反原発運動に関連して、『反核・反原発・エコロジー ― 吉本隆明の政治思想批判』（批評社、1986年）、小出裕章との共著『人形峠ウラン鉱害裁判』（批評社、2001年）、『原子力マフィア ― 原発利権に群がる人びと』（編集工房朔発行、星雲社発売、2011年）、『原発と御用学者 ― 湯川秀樹から吉本隆明まで』（三一書房、2012年）、『フクシマ・沖縄・四日市』（編集工房朔発行、星雲社発売、2013年）、中嶌哲演と共編『大飯原発再稼働と脱原発列島』（批評社、2013年）。『脱原発と脱基地のポレミーク ― 市民運動の思想と行動』（綜合印刷出版発行、星雲社発売、2017年）。

歴史評論として、『都市論〔その文明史的考察〕』（三一書房、1997年）、『アメリカ新大陸の略奪と近代資本主義の誕生 ― イラク戦争批判序説』（編集工房朔発行、星雲社発売、2009年）、『終わりなき戦争国家アメリカ ― インディアン戦争から「対テロ」戦争へ』（編集工房朔発行、星雲社発売、2015年）、『民主主義の歴史的考察 ― 古代ギリシアから現代アメリカまで』（綜合印刷出版発行、星雲社発売、2016年）。

戦後思想論として、前掲『反核・反原発・エコロジー ― 吉本隆明の政治思想批判』のほか、『尾崎翠と花田清輝 ― ユーモアの精神とパロディの論理』（北斗出版、2002年）、『知の虚人・吉本隆明 ― 戦後思想の総決算』（編集工房朔発行、星雲社発売、2013年）、『中沢新一と吉本隆明 ― 亡きグルのためのパヴァーヌ』（綜合印刷出版発行、星雲社発売、2016年）がある。

〔公式ホームページ〕http://actdoi.com

住民投票とデモクラシー

2021年８月24日　第１版第１刷発行

著　者　　土井淑平
発行者　　田村仁美
発行所　　綜合印刷出版株式会社
〒680-0022 鳥取市西町1丁目215番地
TEL 0857-23-0031　FAX 0857-23-0039　E-mail：info@sogoprint.com
発売元　　株式会社 星雲社（共同出版社・流通責任出版社）
〒112-0005 東京都文京区水道1-3-30
TEL 03-3868-3275
組　版　　三田真帆
印刷・製本　　綜合印刷出版株式会社

ISBN978-4-434-29335-1　C0031
＊定価はカバーに表示してあります
＊落丁本・乱丁本はお取替えいたします

綜合印刷出版の　土井淑平　著の既刊（発売・星雲社）

既刊

土井　淑平　著

中沢新一と吉本隆明

亡きグルのためのパヴァーヌ

原発で転んだ「戦後最大の思想家」（？）吉本隆明と、その追従者でロマン主義者・中沢新一を徹底的に脱神秘化し脱神話化するポレミーク

定価1500円（本体）

既刊

土井　淑平　著

民主主義の歴史的考察

古代ギリシアから現代アメリカまで

古代ギリシアから現代アメリカまで民主主義の歴史をたどり、今日の代議制＝民主主義の外野席の市民が主権を取り戻す道を指し示す。

定価2300円（本体）

既刊

土井　淑平　著

脱原発と脱基地のポレミーク

市民運動の思想と行動

脱原発運動の実践によって鍛えられた市民運動の思想を開示。沖縄の脱基地論は琉球独立論へと向かう。

定価2200円（本体）